本书是2021年度国家社科基金重点项目"中国共产党革命精神谱系研究"（项目编号：21ADJ011）的阶段性成果

高等学校中国共产党革命精神与文化资源研究中心

教育部高等学校社会科学发展研究中心　组编

红色旧址手绘系列读本

王炳林　杨敬民·总主编

# 百年红色记忆

江西卷

——

曾晓云 ◎ 主编

中国文史出版社

**图书在版编目（CIP）数据**

百年红色记忆．江西卷 / 曾晓云主编．-- 北京：
中国文史出版社，2020.11

（红色旧址手绘系列读本）

ISBN 978 - 7 - 5205 - 2855 - 9

Ⅰ.①百⋯ Ⅱ.①曾⋯ Ⅲ.①革命纪念地—江西—图
集 Ⅳ.① K928.72

中国版本图书馆 CIP 数据核字（2020）第 251207 号

责任编辑：金 硕

---

出版发行：中国文史出版社

社 址：北京市海淀区西八里庄路 69 号 邮编：100142

电 话：010 - 81136606 81136602 81136603（发行部）

传 真：010 - 81136655

印 装：三河市华东印刷有限公司

经 销：全国新华书店

开 本：710mm×1000mm 1/16

印 张：16.5

字 数：237 千字

版 次：2023 年 4 月北京第 1 版

印 次：2023 年 4 月第 1 次印刷

定 价：98.00 元

# 总 序

王炳林

(教育部高等学校社会科学发展研究中心主任)

习近平总书记指出，"革命文物承载党和人民英勇奋斗的光荣历史，记载中国革命的伟大历程和感人事迹，是党和国家的宝贵财富，是弘扬革命传统和革命文化、加强社会主义精神文明建设、激发爱国热情、振奋民族精神的生动教材。"从建党的开天辟地，到新中国成立的改天换地，到改革开放的翻天覆地，再到党的十八大以来的惊天动地，一路走来，中国共产党人在创造辉煌历史和精神财富的同时，也留下了灿若星辰的革命旧址。这些旧址犹如一个个脚印，印证着中国共产党诞生、发展、壮大的波澜壮阔的历程。如果说百年历史是一幅宏伟壮丽的历史画卷，那么这一处处革命旧址就是画卷上一抹抹鲜艳亮丽的色彩；如果说百年历史是一首气壮山河的乐曲，那么这一处处革命旧址就是乐章中一个个有着铿锵韵律的音符。

红色革命旧址主要包括革命人物旧居、重要战场遗址、重大革命事件发生地、重要革命建筑，以及为纪念重大事件和缅怀英烈而建的各类纪念建筑等，从南湖红船到井冈山革命根据地，从延安宝塔山到北京香山，从上海石库门到北京天安门……串联起革命、建设和改革的全过程，记录着中国共产党团结带领中国人民为争取民族独立、人民解放和实现国家富强、人民富裕而不懈奋斗的历史，见证着中国共产党人的初心使命，承载着中华民族共同的历史记忆，是进行爱国主义和革命传统教育的宝贵历史资源。革命旧址蕴藏着爱国、团结、奋斗、创造、梦想等优秀特质和禀赋，深刻影响着当代中国人的精神世界，是凝聚人心、推动社会进步的强大力量。因此，充分认识革命文物工作在见证革命历史、弘扬革命精神上的重要作用，切实把革命文物保护好、管理好、运用好，对激发广大干部群众的精神力量，信心百倍为全面建设社会主义现代化国家、实现中华民族伟大复兴中国梦而奋斗有重要意义。

在中国共产党成立 100 周年之际，教育部高等学校社会科学发展研究中心、高等学校中国共产党革命精神与文化资源研究中心联系相关高校，以省域为单位组织编写《红色旧址手绘系列读本》。在时间上，主要突出从 1919 年五四运动爆发至 1949 年中华人民共和国成立的革命历史，适当向社会主义革命和建设时期延伸；在空间上，主要涵盖了北京、河北、黑龙江、湖北、江西、浙江等六省市的红色遗存；在类型上，主要突出重要领导机构旧址、重要会议旧址、重要人物故居、重要事件遗址遗迹、重要纪念地场馆等，并适当向相关爱国主义教育基地延伸；在表现形式上，坚持艺术的真实与史实的真实相结合，线条为主，晕染为辅，凸显革命旧址的主体性与符号性，展现中国共产党艰辛而又辉煌的奋斗历程，注重形神统一，营造较强的视觉冲击力和艺术感染力。

本书力图呈现以下特点：

一是坚持政治性和艺术性相统一。"文章合为时而著，歌诗合为事而作。"突出用艺术来讲政治，以中国共产党发展历程中重要红色遗址为主要内容，通过精美的手绘、生动的语言、丰富的史料、严谨的编排，创新革命文化传播方式，为开展党史学习教育提供生动教材。通过运用构图、线条、造型、色彩等艺术手法，以图读史、以图学史、以图记史、以图证史，多角度挖掘革命旧址的崇高美，增强爱国主义和革命传统教育的感染力。书中呈现的一幅幅画作，不仅是对革命旧址艺术化的展现，更是对党领导人民革命、建设、改革实践的钩沉。这些场景连点成线、串线成面，共同交织出中国共产党百年波澜壮阔的奋斗历程，让读者在感受红色旧址美感的同时，经受灵魂的洗礼。

二是坚持学术性和通俗性相统一。以党的三个历史决议为依据，选取中国共产党百年历程中具有典型性和代表性的革命旧址进行展现，勾勒出中国共产党艰苦卓绝的奋斗史，系统展现重要思想理论和历史活动，具有一定学术价值。在介绍革命旧址的基本状况、文保状况时，注重与时俱进吸纳革命文物普查的最新资料。描述革命旧址相关的历史事件、重要人物时，注重突出主题主线、主流本质，旗帜鲜明反对历史虚无主义。在坚持学术性的同时，注重运用通俗化的语言生动活泼地讲好革命故事，做到以情动人、以故事感染人。

三是坚持历史性和现实性相统一。革命历史波澜壮阔，红色旧址光芒永存。红色革命旧址是党史研究的聚宝盆，革命精神传承的压舱石，红色文化资源育人的主阵地。着力通过展示旧址讲党史，突出见人见物见精神。引导人们在求"历史之实"的基础上进一步求"历史之是"，在对历史与现实的比较中，弄清楚红色政权是从哪里来的、新中国是怎么建立起来的，不断增强道路自信、理论自信、制度自信、文化自信。

希望丛书的出版，能够让读者在感受艺术熏陶的同时，更为直观地了解中华英雄儿女为革命、建设、改革不懈奋斗的历史。书的图片和文字是静止的，但精神却是跃动的。如果能够通过这套丛书的出版为创新红色基因传承路径提供一些借鉴和参考，那无疑是所有编撰者的最大心愿，也必将成为我们继续推进以省域为单位的红色旧址手绘系列读本编绘工作的强大动力。

2021 年 11 月

# 前　言

　　江西是一片充满红色记忆的红土地，是一个没有围墙的博物馆。在长期的革命战争时期，以毛泽东为代表的老一辈无产阶级革命家在江西领导人民开展了如火如荼的革命斗争，留下了许多光辉的足迹。这些旧址遗址主要有民居宅第、旅店客栈、坪台场地、祠堂寺庙、学校书院、医院诊所、商贸店铺、道路桥梁、井泉渠堰、农田设施、工业建筑及设施、军事建筑及设施等，还有为了纪念重大历史事件和缅怀英烈而建的各类建筑等。它们承载了中国共产党波澜壮阔的革命史、艰苦卓绝的奋斗史、可歌可泣的英雄史，蕴含着中国共产党和中国人民坚定信念、艰苦奋斗、不屈不挠、敢于胜利的革命精神，是中国共产党初心和使命的重要见证，也是百年红色记忆的印迹。

　　红色旧址遗址和纪念建筑是优质教育资源。感悟和阅读红色旧址遗址和纪念建筑有现场观摩体验、图片影像视听阅读等多种方式。现场体验是在遗址特定环境空间中触摸和感受革命历史气息的遗存，是特定时间、特定地点的学习感受和思想感悟。影像观摩是借助现代照相和摄影技术获得的红色革命旧址图片影像资料进行学习了解的过程。运用构图、线条、造型、色彩等艺术手法进行手绘革命遗址遗迹是开展美育教育的形式创新，既可以从艺术性的角度挖掘革命旧址的崇高美，还可以在学习历史知识的基础上增加艺术审美。它是从美术图像的角度对中华民族历史记忆的延续与唤醒，具有以图证史的历史价值和艺术审美教育价值，拓展了爱国主义宣传和革命传统教育的途径。

　　本书以承载重大历史事件和重要历史人物活动的红色旧址群（革命根据地）为主线，遵循从中国共产党建党至新中国成立的历史进程分篇设章，全书分为安源路矿工人大罢工旧址群、八一南昌起义旧址群、秋收起义爆发地旧址群、井冈山革命根据地旧址群、中央革命根据地旧址群、闽浙皖赣革命根据地旧址群、湘鄂赣革命根据地旧址群、湘赣革命根据地旧址群、东固革命根据地旧址群、南方三年游击战争旧址群、上饶集中营和马家洲集中营旧址群十一个章节，精选154个红色旧址进行编绘。

2021年11月

# 目 录

CONTENTS

# 一、安源路矿工人大罢工旧址群

## 毛泽东 1921 年秋安源旧居

　　毛泽东 1921 年秋安源旧居位于江西省萍乡市安源区安源镇八方井 44 号。原为萍矿总平巷甲段段长毛紫云的住房，砖瓦结构，占地面积 100 平方米，中间是堂屋，左边一间是毛泽东的卧室。

　　1921 年 10 月，为了贯彻党的一大会议精神，毛泽东在参加完会议后，来到安源组织工人运动。毛泽东当时的公开身份是湖南第一师范学校教员、一师附小主事。他利用这个公开身份，以走亲访友、参观访问、推广平民教育的名义，来安源考察。在考察期间，毛泽东深入矿井、锅炉房、餐宿处等处，广泛接触工人，从谈家常入手，了解工人的疾苦和安源的阶级状况，启发工人觉悟。经过实地考察，毛泽东认定安源是开展工人运动的重要地方，并对如何着手组织工人运动有了打算。

　　1957 年 7 月，江西省人民委员会公布其为江西省文物保护单位。1997 年 7 月，中共中央宣传部公布其为全国爱国主义教育示范基地。

# 安源路矿工人补习夜校旧址

安源路矿工人补习夜校旧址位于江西省萍乡市安源区安源镇五福斋巷。旧址原为绅士私房，二层楼，砖木结构，四栋三间，楼房上下对称，四周均为宽1.3米的走廊，占地面积180平方米。1939年坍塌，1968年在原址按原貌重新恢复。

1921年冬，李立三受中共湖南党组织委派，来安源开展工人运动。他当时的公开身份是教师，由湖南平民教育促进会介绍来安源推广平民教育。为了取得合法地位和公开活动的条件，李立三租借了这三间房，开办平民小学，免费招收工人子弟入学。他经常以访问学生家长名义，广泛接触工人，了解各方面情形，宣传工人阶级团结奋斗、自己解放自己的道理。经过思想教育和实践考察，1922年1月，李立三在安源创办了第一所工人补习学校，即工人夜校。白天小学生在这里上课，晚上工人在这里上课。工人夜校的开办，提高了工人的文化知识和阶级觉悟，为培养工人运动干部，建立和发展党、团、俱乐部组织创造了条件。1922年9月，安源路矿工人大罢工胜利后，工人补习夜校又扩充为七所，分布于安源、紫家冲、湘东、醴陵、株洲各地，学员达1000余人。同时还设立了补习部、子弟部、妇女职业部以及阅报室、图书馆。各工作处还设立了读书处，并备有《工人周刊》《劳动周刊》《大公报》等报刊，供工人业余时间自由阅览。

1987年12月，江西省人民政府公布其为江西省文物保护单位。2019年10月，国务院公布其为全国重点文物保护单位。

安源路矿工人补习夜校旧址

## 安源路矿工人消费合作社旧址

　　安源路矿工人消费合作社旧址位于江西省萍乡市安源区安源镇老后街，是中国工人阶级第一个经济事业组织。

　　1922年7月，安源路矿工人消费合作社正式成立，李立三兼任经理。当时集资仅百元，不能独开门面，只好附设在工人补习夜校内。1922年9月，大罢工胜利后，工人踊跃投资，除捐助一部分年终加薪外，每人还认股若干，共集资1万余元。1923年2月7日，安源路矿工人消费合作社独设门面开始营业。合作社设立兑换、粮食、服物、器用、南货、杂务等股，主要出售油、盐、米、布匹等工人生活必需品，还代售革命刊物。消费合作社印发的股票、铜元票是中共历史上最早的货币和对股份制最初的尝试。它的创办和发展对改善工人的经济生活、团结工人坚持斗争、训练工人管理经济的能力发挥了积极作用，也为中国共产党领导经济事业积累了最初的经验。

　　1987年12月，江西省人民政府公布其为江西省文物保护单位。

# 安源路矿工人俱乐部旧址

安源路矿工人俱乐部旧址位于江西省萍乡市安源镇，有两处：一为罢工前旧址，位于安源镇牛角坡；一为罢工后旧址，位于安源镇半边街。

安源路矿工人俱乐部（罢工后）旧址有前后两栋建筑，建筑面积1266平方米。前栋是砖木结构的二层楼房，共14间，原为安源煤矿职员合股经营的协兴洋货店。楼下为裁判委员会、会计股、庶务股、纠察团办公室。二楼为主任团办公室、总代表会议室及刘少奇、黄静源的卧室。后栋为讲演厅，是仿莫斯科大剧院式样的四层轿顶式楼房，砖木结构，为路矿工人集资、自行设计和兴建的，面积974平方米，内部四周是走廊式的四层楼房。一楼宽敞，可容纳800人。二楼、三楼三面都能看到舞台，四楼较窄。

1922年5月1日俱乐部正式成立。1923年4月俱乐部领导安源路矿工人大罢工取得胜利后迁入现址。李立三、刘少奇先后担任俱乐部主任，并建立党团组织和工人纠察队。1925年9月路矿当局勾结军阀屠杀了俱乐部副主任黄静源等10余人，俱乐部被查封。

1982年2月，国务院公布其为全国重点文物保护单位。1997年7月，中共中央宣传部公布其为全国爱国主义教育示范基地。

# 安源路矿工人大罢工旧址

　　安源路矿工人大罢工旧址——总平巷位于江西省萍乡市安源区安源镇安源山下。总平巷呈牌坊形，是安源煤矿工人上下班以及煤炭输出的总巷道。内分东平巷、西平巷。因地面平坦，故称总平巷。总平巷是一座砖砌门坊式建筑，背靠安源山，井口上方塑有铁锤岩尖图案和"总平巷"三个醒目大字。井口中间建有大拱门为出入总口，通往距地面近千米深处的井下，两侧建有附属建筑物。

　　毛泽东、刘少奇、李立三等多次到总平巷下矿井考察。1921年秋，毛泽东第一次来安源考察时，从总平巷下到井下工作面，和工人促膝交谈，了解工人的苦难生活，用亲身经历的事实向工人进行马列主义教育。教育工人只要团结起来，就什么都不怕了。1922年9月14日，安源路矿工人大罢工从这里开始。井下工人在接到罢工信号后，手握岩尖、斧头，高呼罢工口号，像潮水一样涌出井口。工人监察队在井口上方竖起了"罢工"大旗，用煤桶堵塞井口，日夜严加把守，不准任何人下井，直至取得罢工胜利。

　　1957年7月，江西省人民委员会公布其为江西省文物保护单位。1997年7月，中共中央宣传部公布其为全国爱国主义教育示范基地。

# 安源路矿工人大罢工谈判旧址

安源路矿工人大罢工谈判旧址位于江西省萍乡市安源区安源镇八方井，俗称谈判大楼。它原是萍乡煤矿公事房，建于清光绪三十二年（1906年），占地600平方米，砖木结构，轿顶式两层楼房，前后均为拱通廊，后廊有螺旋式铁梯。

1922年9月，安源路矿工人举行大罢工，刘少奇代表路矿工人在此与路矿当局谈判，迫使对方与工人俱乐部代表李立三签订协定，大罢工取得胜利。

1957年7月，江西省人民委员会公布其为江西省文物保护单位。1997年7月，中共中央宣传部公布其为全国爱国主义教育示范基地。2006年5月，国务院公布其为全国重点文物保护单位。

# 安源路矿工人运动纪念馆

　　安源路矿工人运动纪念馆位于江西省萍乡市安源区安源镇牛形岭半山腰处。其前身是创办于1956年的安源路矿工人俱乐部遗址陈列室。1964年兴建陈列馆，1969年开放，1972年10月恢复现名。纪念馆坐北朝南，大楼高24米，长100米，宽30米，系二层钢筋混凝土结构，占地面积200亩，建筑面积3245平方米，陈列面积2400平方米。

　　纪念馆陈列系统地介绍了1921年至1930年中国共产党领导安源路矿工人开展罢工斗争、农民运动和武装斗争，反对帝国主义、封建主义的历史。陈列内容共分六个部分：（一）三重压迫下的路矿工人；（二）组织起来；（三）路矿工人大罢工；（四）"二·七"惨案后的坚持和发展；（五）工农联合，

支援北伐；（六）秋收起义，武装割据。除了文字图片和实物，还有《矿工苦》《毛泽东去安源》《大罢工》《工农联盟》《奔向井冈山》等大型雕塑。

1997年7月，中共中央宣传部公布其为全国爱国主义教育示范基地。

# 二、八一南昌起义旧址群

## 中共秘密商议南昌起义旧址

中共秘密商议南昌起义旧址位于江西省九江市庐山东谷中五路336号，又名仙岩饭店，为青砖砌三楼，占地面积336平方米。

1927年7月19日，受临时中央派遣，李立三、邓中夏、谭平山和恽代英等急赴江西九江，准备组织中共掌握和影响的国民革命军中的一部分力量，联合第二方面军总指挥张发奎，重回广东，以建立新的革命根据地，实行土地革命。此前，中央军委也派聂荣臻等前往九江，到部队开展工作。20日，谭平山、李立三、邓中夏、叶挺、聂荣臻、吴玉章、林伯渠等在九江的同志召开会议，根据变化了的形势，认为张发奎的态度开始右倾，已经站到汪精卫一边，依靠张发奎回广东的可能性不大。军事上，朱培德部队包围集中在南浔铁路沿线的叶挺、贺龙、周士弟等率领的革命军队，形势极为严重。决定立即抛弃依赖张发奎的计划，独立发动南昌起义。21日，李立三、邓中夏立即上庐山，到仙岩饭店与瞿秋白、张太雷及鲍罗廷秘密商议，在听取了李立三等人的汇报后，瞿秋白等表示赞同南昌起义的建议，并亲赴武汉，向中共中央说明起义的计划。24日，中共中央常委会议完全同意南昌起义的提议，并将起义的决定迅速报告了共产国际。同时还决定由周恩来、李立三、恽代英和彭湃四人，组成中共前敌委员会，周恩来任书记，组织和领导南昌起义。

2007年6月，庐山风景名胜区管理局将其列为庐山文物保护单位。

# 九江叶挺指挥部旧址

九江叶挺指挥部旧址位于江西省九江市浔阳区东门口16号，原为美国圣约翰中学校长高达德公寓，是一栋坐西朝东的回廊式二层西式楼房，砖木结构，青砖红瓦，四坡顶，建筑面积224平方米。有上下两层各七间，门前有八字台阶，门头之上有小阳台。西、南两边均有券拱式内廊。

1927年7月12日，叶挺率领国民革命军第十一军第二十四师为"东征讨蒋"的前锋，向九江开拔，第二天傍晚抵达九江码头。师指挥部驻在九江圣约翰中学北院，也就是今天的南昌八一起义九江策源地纪念馆。汪精卫在武汉公开"反共"的消息传到九江后，叶挺积极参与一些重要活动，与云集九江的共产党领导人多次在这里召开研究和部署南昌起义的重要会议。1927年7月26日，叶挺率部从九江市出发，乘火车奔赴南昌参加起义。

1987年12月，江西省人民政府公布其为江西省文物保护单位。2007年6月，九江市政府将其辟为八一起义策源地纪念馆。

# 国民革命军第二十五师起义爆发地

　　国民革命军第二十五师起义爆发地位于江西省九江市柴桑区(原九江县)马回岭镇，原为马回岭老火车站，系1922年修筑南浔铁路时建的一座两层小型站房。砖石混凝土结构，坐东朝西，南北宽15.98米，东西进深9.2米，脊高6.9米，檐高3.5米。附属建筑有仓库、厨房等。

　　1927年7月下旬，聂荣臻奉周恩来之命，到马回岭同张云逸、周士第等同志一起策动驻扎在马回岭、黄老门一带的国民革命军第二十五师参加南昌起义。8月1日中午，在得知南昌起义成功后，聂荣臻立即发动起义。二十五师七十三团全部、七十四团重机枪连和七十五团3个营等起义部队在此集结，前往南昌。8月2日起义部队到达南昌与其他起义部队胜利会师，聂荣臻被任命为起义军第十一军党代表。

　　1987年12月，江西省人民政府公布其为江西省文物保护单位。

## 朱德军官教育团旧址

　　朱德军官教育团旧址位于江西省南昌市八一大道376号。旧址始建于清末，是一个园林式砖木结构的平房院落，占地面积2617平方米，前后三进共四五十间房，另有礼堂及操场。

　　1927年春，朱德创办的军官教育团即设在这里，朱德亲任团长，教育团名义上隶属国民革命军第三军，实际上由中国共产党掌握。军官教育团在这里实施革命的军事政治教育，培养了大批有觉悟的军事干部，发展党组织，扶植和指导南昌及其周围几个县的工农运动。在这里培训的1500名学员中，一部分参加了南昌起义，编为第九军的一部分。

　　1961年3月，国务院公布其为全国重点文物保护单位。1994年11月，江西省委、省人民政府公布其为江西省爱国主义教育基地。1997年6月，中共中央宣传部公布其为全国爱国主义教育示范基地。

# 南昌朱德旧居

　　南昌朱德旧居位于江西省南昌市民德路东段花园角2号，为砖木结构的江南传统民居，坐西朝东，两进两层，穿斗式木梁架，硬山顶，小青瓦屋面，四周为清水青砖围护墙。

　　1927年1月，朱德受党的指示来到南昌，包租了此地。他利用国共合作的形势，创办军官教育团，并担任国民革命军第五路军总参议兼第三军军官教育团团长和南昌市公安局长。在此期间，朱德为发展和保护革命力量做了大量的工作。1927年7月下旬，周恩来为领导南昌起义从武汉赶到南昌的第一晚，就住在这幢房屋的厅堂内，和朱德一起商讨研究起义的有关问题。

　　1961年3月，国务院公布其为全国重点文物保护单位。1994年11月，江西省委、省人民政府公布其为江西省爱国主义教育基地。1997年6月，中共中央宣传部公布其为全国爱国主义教育示范基地。

## 贺龙指挥部旧址

　　贺龙指挥部旧址位于江西省南昌市子固路165号，是一座占地面积1482平方米、建筑面积843平方米的中西合璧建筑。它原为中华圣公会宏道堂及其主办的宏道中学校址，建于1916年，为坐东朝西的砖木结构建筑。

　　1927年南昌起义时，贺龙率领的国民革命军第二十军指挥部设于此地。同时，起义总指挥第二十军军长贺龙、革命委员会军事参谋团参谋长刘伯承、第二十军政治部主任兼第三师师长周逸群以及其他一些领导人都住在小楼里，并在此举行过多次策划起义行动的重要会议。军部的各个机构分别设在教室和礼堂里。1927年8月1日凌晨，贺龙、刘伯承、周逸群在此指挥了武装起义。大楼前及三楼窗口仍留有当年敌方的炮弹弹痕。

　　1961年3月，国务院公布其为全国重点文物保护单位。1994年11月，江西省委、省人民政府公布其为江西省爱国主义教育基地。1997年6月，中共中央宣传部公布其为全国爱国主义教育示范基地。

# 南昌叶挺指挥部旧址

　　南昌叶挺指挥部旧址在江西省南昌市苏圃路1号。旧址建筑面积843平方米，为两层砖木结构的"工"字西式楼房，坐北朝南，东侧有一棵粗壮的老樟树，枝叶繁茂。楼上是军部办公室、会议室，楼下是警卫队住处。

　　1927年7月30日下午2时，叶挺在会议室召开了二十四师营以上及师直机关的军官会议，传达中共关于举行武装起义的决定，部署战斗任务。起义中，叶挺指挥第二十四师主攻驻守在天主教堂、贡院、新营房一带的三个团的敌军。起义军所向披靡，连战皆捷。起义胜利后，叶挺担任起义军前敌代总指挥兼第十一军军长。

　　1961年3月，国务院公布其为全国重点文物保护单位。1994年11月，江西省委、省人民政府公布其为江西省爱国主义教育基地。1997年6月，中共中央宣传部公布其为全国爱国主义教育示范基地。

# 八一起义总指挥部旧址
（八一起义纪念馆）

　　八一起义总指挥部旧址（八一起义纪念馆）位于江西省南昌市中山路和胜利路交叉处的洗马池。原为江西大旅社，是一栋五层砖木结构建筑，始建于1922年，坐南朝北，全楼呈回字形，中部为开井，共有96间客房，建筑面积5222.9平方米。一楼有喜庆厅，供举行婚寿庆典之用。二楼、三楼分别设中餐厅、西餐厅。屋顶还有茶楼。

　　1927年7月下旬，中共领导的起义部队到达南昌，包下江西大旅社，在喜庆厅召开会议，成立了由周恩来、李立三、恽代英、彭湃组成的中共前敌委员会。这里便成为八一起义总指挥部。8月1日，起义爆发，打响了武装反抗国民党反动派的第一枪。从此，中国共产党开始独立领导中国革命。

　　1959年10月1日，经文化部批准，旧址正式辟为南昌八一起义纪念馆。2005年3月，在旧址左侧新建一座陈列大楼，陈列大楼一楼展示了"危难中奋起""伟大的决策""打响第一枪""南征下广东""转战上井冈""八一精神永放光芒"等南昌八一起义的内容。二楼展示了"星火燎原""抗战先锋""解放全国""钢铁长城""精兵之路""科技强军""神圣使命"等中国人民解放军光辉历程。

　　1961年3月，国务院公布其为全国重点文物保护单位。1994年11月，江西省委、省人民政府公布其为江西省爱国主义教育基地。1997年6月，中共中央宣传部公布其为全国爱国主义教育示范基地。

# 三、秋收起义爆发地旧址群

# 秋收起义张家湾军事会议旧址

　　秋收起义张家湾军事会议旧址位于江西省萍乡市安源镇东面的张家湾。旧址坐东朝西，占地面积1717平方米，左右两栋相连接，左边为砖木结构的四栋三间二层楼房，右边是七间平房，楼前的大草坪曾是工农革命军练兵的地方。

　　1927年9月初，毛泽东受党中央委派，在此主持召开地区党的负责人和军事负责人参加的部署秋收起义军事会议，传达湖南省委关于举行秋收暴动的决定。会议正式组成以毛泽东为书记的湘赣边秋收暴动指挥机关——前敌委员会；确立了工农革命军第一师的编制；拟定了秋收起义的进攻目标与路线；具体布置了湘赣边界各县农民暴动内容及暴动时间；整顿与改造了安源的矿警与工农武装等。

　　1987年12月，江西省人民政府公布其为江西省文物保护单位。1997年7月，中共中央宣传部公布其为全国爱国主义教育示范基地。2006年5月，国务院公布其为全国重点文物保护单位。

## 秋收起义纪念碑

秋收起义纪念碑位于江西省萍乡市秋收起义广场。纪念碑高30.9米，占地面积151平方米，正面为江泽民题写的碑名"秋收起义纪念碑"，背面镌刻的是毛泽东著名诗词《西江月·秋收起义》。碑身由毛泽东主持秋收起义暴动会议、秋收起义和毛泽东带领工农革命军上井冈三幅浮雕组成。

萍乡是秋收起义策源地。1927年9月初，遵照党的八七会议精神和改组后的湖南省委制订的暴动计划，毛泽东在安源主持召开秋收起义军事会议，并于9月9日亲自发动和领导了震撼全国的秋收起义，第一次高举起工农革命军的旗帜。

为纪念这一在中国革命史上占有重要地位的伟大历史事件，1998年6月21日，中共中央办公厅、国务院办公厅批准在萍乡市建立秋收起义纪念碑。

# 修水工农革命军第一军第一师师部旧址

　　修水工农革命军第一军第一师师部旧址位于江西省九江市修水县义宁镇凤凰山路136号，原为修水县商会。旧址坐北朝南，砖木结构，小青瓦屋面，八字形麻石门框，分前后两进，中间有天井，两边为厢房，建筑面积350平方米。

　　1927年8月12日，原国民革命军第四集团军第二方面军警卫团辗转到达修水。9月初，警卫团与其他武装合编为工农革命军第一军第一师，卢德铭任总指挥，余洒度任师长，余贲民任副师长，钟文璋任参谋长。下辖四个团，师部驻修水县商会。其间，何长工等人设计并制作了"镰刀斧头"工农革命军军旗，中国共产党第一次打出了自己的旗帜。9月9日，秋收起义爆发，由于敌我力量悬殊，起义部队遭受很大损失。在危急关头，毛泽东断然停止"取浏阳直攻长沙"的原定计划，率领起义军余部向罗霄山脉中段转移，后在井冈山创建了第一个农村革命根据地。

　　1987年12月，江西省人民政府公布其为江西省文物保护单位。2006年5月，国务院公布其为全国重点文物保护单位。2001年6月，中共中央宣传部公布其为全国爱国主义教育示范基地。

# 修水工农革命军第一军第一师第一团团部旧址

　　修水工农革命军第一军第一师第一团团部旧址位于江西省九江市修水县义宁镇凤凰山路61号，原为凤山献书院，始建于清同治三年（1864年）。分前、中、后三厅，前后两厅早已改建，尚存的中厅面阔15.3米、进深21米，建筑面积321平方米。

　　1927年9月初，工农革命军第一军第一师组建后，第一团团部和大部分指战员就驻扎在紧靠师部的凤山献书院内，书院前面的大操场是指战员们经常训练和集合的地方。1927年9月9日清晨，师部和一团在这里举行了隆重的授旗仪式，第一次打出了"工农革命军"的鲜艳红旗。

　　2001年6月，中共中央宣传部公布其为全国爱国主义教育示范基地。2006年5月，国务院公布其为全国重点文物保护单位。

# 秋收起义修水纪念馆

秋收起义修水纪念馆位于江西省九江市修水县城凤凰山路136号。

修水是秋收起义的主要策源地。1927年9月9日清晨，驻守修水的师部及其所属一、四团，师直特务连在修水县城紫花墩举行了气壮山河的誓师大会，打响了秋收起义的第一枪。起义前夕，工农革命军的第一面旗帜在修水设计、制作并率先升起。

纪念馆重点陈列了湘赣边界秋收起义爆发的背景，工农革命军第一军第一师的组建，中国共产党的第一面军旗在修水设计、制作、升起，师部和第一团以及第二、第三、四团在秋收起义中的经历，修水地方党组织和农会、工会以及人民群众积极配合并参加秋收起义的史实，突出了毛泽东和参加秋收起义的老一辈无产阶级革命家的丰功伟绩，讴歌秋收起义开创井冈山革命根据地，使星星之火燃遍全中国的历史功勋。

秋收起义修水纪念馆始建于1977年，占地面积3000平方米，馆标由秋收起义时师部参谋、工农革命军军旗设计者之一、全国政协原副主席何长工题写。1995年，九江市人民政府将其列为市爱国主义教育基地。2001年6月，中共中央宣传部公布其为全国爱国主义教育示范基地。

# 铜鼓工农革命军第一军
# 第一师第三团团部旧址

　　工农革命军第一军第一师第三团团部旧址位于江西省宜春市铜鼓县永宁镇定江东路487号，原为萧家祠，始建于清光绪初年。旧址坐北朝南，土木结构，由前后大厅、中天井和左右开间及厢房组成，中间为大厅，两侧各有两间耳房。围墙右角开八字门楼，建筑面积950平方米。

　　1927年8月，浏阳农军因未赶上南昌起义，即以国民革命军第二十军独立团的名义回师，在铜鼓整装待令。团部就驻扎在萧家祠。9月10日，毛泽东根据安源张家湾会议的决定，从萍乡安源来到铜鼓浏阳农军团部驻地萧家祠，主持召开部队排以上干部会议，传达党的八七会议精神以及湖南省委秋收暴动计划和张家湾会议确定的军事部署，并以前敌委员会书记的身份宣布，将浏阳农军改编为工农革命军第一军第一帅第三团，号召全体指战员根据党的号召拿起枪杆子，立即举行武装起义。9月11日，部队直扑湘东，攻打浏阳白沙、东门之敌。

　　1987年12月，江西省人民政府公布其为江西省文物保护单位。2001年6月，中共中央宣传部公布其为全国爱国主义教育示范基地。

# 铜鼓工农革命军第一军第一师第三团第一营营部旧址

工农革命军第一军第一师第三团第一营营部旧址位于江西省宜春市铜鼓县永宁镇城南路15号，原为奎光书院，系铜鼓客籍人创办，始建于清乾隆四十年（1775年）。旧址坐南朝北，土木结构，由左右两栋并列组成，总面积690平方米。

1927年8月，浏阳农军进驻铜鼓时，该部一营营部就驻扎于此。墙上书写了"南昌暴动"等大量革命标语。9月10日，在萧家祠召开的部队排以上干部会议上，宣布该营为工农革命军第一军第一师第三团第一营。1928年8月，彭德怀率领红五军攻克铜鼓县城后，军政治部曾在此房墙壁上写有《共产党十大政纲》和《土地政纲》以及"红军万岁""打倒土豪劣绅"等文告标语。

2000年7月，江西省人民政府公布其为江西省文物保护单位。

# 秋收起义纪念馆

秋收起义纪念馆位于江西省宜春市铜鼓县定江东路489号，为钢筋水泥结构，建筑面积约3327平方米。

1927年9月，根据党的八七会议精神和中共湖南省委的决定，毛泽东以中央特派员、中共湖南省委常委和中共湖南省委前敌委员会书记的身份，不畏艰险，亲临铜鼓领导和发动了震惊全国的湘赣边界秋收起义。为纪念这一伟大历史事件，铜鼓县委、县革命委员会于1977年在湘赣边界秋收起义前敌委员会旧址旁建成此馆，馆名由全国政协原副主席宋任穷题写。馆内陈列共分为军旗猎猎、沙洲阅兵、排埠思索、引兵井冈、星火燎原五个部分，生动再现了毛泽东在铜鼓率领秋收起义部队开展革命活动的恢宏历史。

2001年6月，中共中央宣传部公布其为全国爱国主义教育示范基地。

# 四、井冈山革命根据地旧址群

## 莲花决策旧址（莲花一支枪纪念馆）

莲花决策旧址位于江西省萍乡市莲花县琴亭镇解放街148号，又名宾兴馆，始建于清道光年间，为南方祠堂式建筑，坐北朝南，前后两进，前为大厅，中有天井，两边回廊，后设中堂，两边厢房。整个建筑砖木结构，占地面积3600平方米。

1927年9月26日，毛泽东率领中国工农革命军攻克莲花县城，师部驻扎在宾兴馆，毛泽东下榻馆内。同日，毛泽东在此召集朱亦岳、刘仁堪、陈竞进、朱义祖等莲花党组织负责人座谈，并接到了宋任穷送来的中共江西省委书记汪泽楷的密信。毛泽东根据当时的时局、井冈山地区的情况，特别是中共江西省委的指示信，当天在宾兴馆召开前委会议，做出了部队放弃退往湘南，转兵井冈山的重大决策。会上，陈竞进等还向毛泽东汇报了大革命失败后，莲花农民自卫军总共60支枪被敌人缴去59支，只剩下贺国庆保存的一支枪。为保住这支枪，贺国庆的父亲被敌人活活烧死，弟弟全家被害得妻离子散、家破人亡。听了汇报后，毛泽东说，只要不怕牺牲，坚持斗争，革命就一定能取得胜利。

为了纪念这段历史，1968年，莲花县委、县革命委员会在宾兴馆设立"毛主席领导莲花人民斗争陈列室"。1983年，定为现名"莲花一支枪纪念馆"。2000年7月，江西省人民政府公布其为江西省文物保护单位。2001年11月，江西省委、省人民政府公布其为江西省爱国主义教育示范基地。

# 三湾毛泽东旧居

　　三湾毛泽东旧居位于江西省吉安市永新县三湾乡三湾村，原为协盛和杂货铺。晚清建筑，土木结构，一进一厅四间，由四只檐柱搭成简易穿斗抬梁木架形成前檐，占地295.2平方米。1929年8月被国民党军烧毁，1967年按原貌修复。

　　1927年9月29日，毛泽东率领工农革命军进驻三湾村就居住在此房左厢房里。次日，毛泽东在厅堂主持召开了前委扩大会议，讨论部队现状及其解决的措施，决定对部队实行整顿和改编，将原来的一个师缩为一个团，建立党的各级组织和党代表制度；班、排设小组，党支部建在连上；建立士兵委员会，实行官兵平等。在这里，毛泽东还接待了前来接头的宁冈县党组织负责人龙超清以及宁冈县农民自卫军总指挥袁文才的代表陈慕平，并向他们说明了工农革命军的政治主张和来意，希望与袁文才部合作，开展革命斗争。10月3日，工农革命军由三湾向宁冈古城前进。

　　1982年7月，国务院公布其为全国重点文物保护单位。1994年11月，江西省委、省人民政府公布其为江西省爱国主义教育基地。2001年6月，中共中央宣传部公布其为全国爱国主义教育示范基地。

# 三湾工农革命军第一军
# 第一师第一团团部旧址

工农革命军第一军第一师第一团团部旧址位于江西省吉安市永新县三湾乡三湾村，原为钟家祠堂，建于清末民初。旧址坐东南朝西北，砖木结构，占地面积约307.8平方米，二进二厅，中有天井，前有廊檐，两脊筑有五岳朝天风火墙，是典型的南方祠堂建筑。1929年8月，祠堂被国民党军烧毁，仅剩后栋一段约1米高的小石子残墙。1967年按原貌修复。

1927年9月29日，毛泽东在三湾对部队进行改编后，团部就驻扎在这个祠堂里。祠堂正厅和两侧房间是团部办公和开会的地方，楼上和楼下的房间住了部分军官和士兵。

1982年7月，国务院公布其为全国重点文物保护单位。1994年11月，江西省委、省人民政府公布其为江西省爱国主义教育基地。2001年6月，中共中央宣传部公布其为全国爱国主义教育示范基地。

# 三湾红双井

　　红双井位于江西省吉安市永新县三湾乡三湾村钟家祠堂前面，是两口清澈见底并排而立的水井。

　　1927年9月29日，毛泽东率领秋收起义部队来到永新县三湾村后，由于用水的人多，井水变得浑浊。毛泽东便叫一名帮老百姓挑水的战士去老乡家借来铁铲、担箕，卷起衣袖和裤子，带着几名战士将井里的淤泥清理干净，又在原来的基础上将水井挖深，并用鹅卵石在水井周围垒起一道围墙，不到两个小时井里的泉水就清澈见底。当地人为了纪念这段历史，称这两口井为"红双井"。

　　1982年7月，国务院公布其为全国重点文物保护单位。

# 三湾枫树坪

　　枫树坪位于江西省吉安市永新县三湾乡三湾村头一块平坦的开阔地，原名为社官坪，面积约为450平方米。由一棵大樟树、两棵枫树组成，迄今已有300多年的历史。三棵树紧连一块，其中樟树高大茂盛，树冠约有150平方米。树下立有一尊老红军李立捐赠的毛泽东铜像。2012年，南京军区在枫树坪旁捐赠了三湾改编主题雕塑。

　　1927年10月3日，改编后的中国工农革命军第一军第一师第一团集中在三湾村的枫树坪，毛泽东向部队做了重要讲话。随后，在三湾人民群众的欢送下，部队离开三湾向宁冈古城进军。

　　1982年7月，国务院公布其为全国重点文物保护单位。1994年11月，江西省委、省人民政府公布其为江西省爱国主义教育基地。2001年6月，中共中央宣传部公布其为全国爱国主义教育示范基地。

## 三湾改编纪念碑

　　三湾改编纪念碑位于江西省吉安市永新县三湾乡三湾村三湾改编纪念馆旁边。该碑建于2009年，高19.27米，寓意三湾改编年份。远远望去，耸立山顶的三湾改编纪念碑直指云端。

# 茅坪毛泽东旧居（外景）

　　茅坪毛泽东旧居位于江西省吉安市井冈山市茅坪村谢氏慎公祠后面的一栋两层楼房。因为二楼有一个八角形天窗，所以当地群众称之为八角楼。该建筑始建于1924年，是茅坪中医谢池香的住所。房屋坐东朝西，土木结构，小青瓦屋面，大门上方放置八角形状斗犀，刻有八卦图案，厅堂进深较长，为采光充足，在右边设有一个长方形的小天井。厅堂右边是主房，厅堂后边设有木梯可以上二楼。

　　1927年10月7日，毛泽东率领工农革命军进驻茅坪就住于此房屋的二楼。在井冈山艰苦斗争的岁月里，毛泽东经常在这里居住和办公，领导湘赣边界工农武装割据的伟大斗争，写下了《中国的红色政权为什么能够存在？》和《井冈山的斗争》两篇光辉著作，为农村包围城市、武装夺取政权革命道路的形成奠定了坚实基础。

　　1961年3月，国务院公布其为全国重点文物保护单位。1997年7月，中共中央宣传部公布其为全国爱国主义教育示范基地。

## 茅坪八角楼

　　茅坪八角楼是茅坪毛泽东旧居内的住房，屋内摆放了青油灯、砚台、书桌、高背椅、茶几、架子床等物品。这些物品是房东谢池香精心保存，其后代谢慕尧捐献出来的。青油灯现为国家一级文物，砚台为国家二级文物，收藏在井冈山会师纪念馆。陈列在旧居内的青油灯和砚台为复制品，其余几件均为原物。

　　在八角楼的青油灯下，毛泽东写下了《中国的红色政权为什么能够存在？》《井冈山的斗争》两篇光辉著作，提出了"工农武装割据"的光辉思想。八角楼的灯光在茫茫黑夜里照亮了中国革命胜利的道路。

## 荆竹山雷打石遗址

荆竹山雷打石遗址位于江西省吉安市井冈山市茨坪西南20千米的荆竹山脚下。雷打石是荆竹山中的一块花岗岩，长3米，宽2米，顶端有裂纹。相传该石曾被雷击，故名"雷打石"。

1927年10月23日，毛泽东率领秋收起义部队来到荆竹山，为了在井冈山站稳脚跟并寻求发展，毛泽东站在雷打石上向工农革命军宣布了三条纪律：一是行动听指挥；二是打土豪筹款子要归公；三是不拿老百姓一个红薯。这是中国红军"三大纪律"的最早雏形。

1988年9月，井冈山市人民政府公布其为市级文物保护单位。1997年7月，中共中央宣传部公布其为全国爱国主义教育示范基地。2006年12月，江西省人民政府公布其为江西省文物保护单位。

# 大井毛泽东旧居

　　大井毛泽东旧居位于江西省吉安市井冈山市大井村，原系粤籍商人住房，又名新屋下。因墙壁为白色，又称白屋。旧居坐北朝南，土木结构，内有5个天井，44间小房，面积980平方米。1929年1月底，国民党军上了井冈山，将房屋付之一炬，仅剩一堵残墙和屋前毛泽东平时读书看报坐过的大石头，以及屋后毛泽东常在树下观看红军练兵的两棵常青树。1960年，井冈山人民修复旧居时，特将残墙嵌入新墙之中，并对屋后两棵常青树进行精心培植。

## 大井朱德和陈毅旧居

　　大井朱德和陈毅旧居位于江西省吉安市井冈山市大井村，因墙壁为黄泥墙体，又称"黄屋"，距离毛泽东旧居"白屋"约10米。旧居坐北朝南，土木结构，二层楼房，有一厅三井二十七间，面积近700平方米。右间为朱德住房，左间为陈毅住房。1929年1月底，旧居被国民党军烧毁。1987年在原址按原貌重建。

　　井冈山斗争时期，朱德、陈毅来到大井时便经常在这幢屋子里工作和居住，组织

## 茨坪毛泽东旧居（前敌委员会旧址）

　　茨坪毛泽东旧居位于江西省吉安市井冈山市茨坪东山脚下，原是农民李昌利的住房，并有一个小杂货铺。旧居坐东朝西，土木结构，占地面积799平方米。1929年2月，旧居遭国民党军烧毁。1961年10月，政府在原址按原貌复建。

　　1927年10月下旬，毛泽东率领秋收起义部队抵达井冈山茨坪后，房东腾出此屋的一半给秋收起义部队居住。到1929年1月的一年多时间里，毛泽东每到茨坪就在这栋房子的中厅右后间居住和办公。其间，毛泽东起草了《井冈山的斗争》这篇重要著作，总结了井冈山斗争的经验，阐明了"工农武装割据"的光辉思想，指明了中国革命的前途。1928年11月6日，重新组织的中共井冈山前敌委员会机关也设在这里。

　　1961年3月，国务院公布其为全国重点文物保护单位。1997年7月，中共中央宣传部公布其为全国爱国主义教育示范基地。

# 象山庵会议旧址

　　象山庵会议旧址位于江西省吉安市井冈山市茅坪乡坝上村，因庵后的山称象山而得名。此庵始建于1713年，坐东北朝西南，有三厅二天井十四间房，建筑面积456平方米。1930年3月，国民党军队占据井冈山后，庵内大部分建筑被摧毁。1998年，政府按原样修复。

　　1927年11月初，毛泽东率部回到茅坪后，在这里主持召开宁冈、永新、莲花三县地方党组织负责人联席会议，决定重建和恢复边界党组织，开展群众武装斗争活动。会议结束后，各县迅速掀起了打土豪分浮财的群众游击暴动，边界党组织得到了恢复和重建。

　　这里也是工农革命军的后方留守处。1927年10月上旬，在袁文才的协助下，工农革命军将后方留守处设于此，余贲民为负责人，主要负责医院、被服厂、修械所等后方设施的筹建和管理工作。此外，湘赣边界特委于1928年10月下旬在此举办党、团训练班。毛泽东和贺子珍的婚礼也是在简朴的庵内举办的。

　　1996年，宁冈县人民政府将其列为县文物保护单位。1997年7月，中共中央宣传部公布其为全国爱国主义教育示范基地。

# 毛泽东与朱德会见旧址
## （含工农革命军军官教导队旧址）

　　毛泽东与朱德会见旧址（含工农革命军军官教导队旧址）位于江西省吉安市井冈山市龙市镇沿江路，又名龙江书院，始建于1840年，由原宁冈、酃县、茶陵三县的客籍绅民捐款集资修建。旧址坐西南朝东北，砖木混合结构，由前后三进，左中右三组建筑群组成。占地面积2037.7平方米，大小合计100多间，现存42间。

　　1928年4月底，朱德、陈毅率领的南昌起义余部和湘南暴动农军来到龙市，与毛泽东领导的秋收起义部队胜利会师。并在此召开工农革命军第四军党的第一次代表大会，成立工农革命军第四军，毛泽东任党代表，朱德任军长，王尔琢任参谋长，陈毅任士兵委员会主任。

　　这里也是军官教导队的旧址。1927年11月中旬，毛泽东指示在这里创办工农革命军军官教导队，培养部队军官和地方武装干部。这里被誉为中国人民解放军军政干部成长的摇篮。

　　1961年3月，国务院公布其为全国重点文物保护单位。1997年7月，中共中央宣传部公布其为全国爱国主义教育示范基地。

# 红四军建军广场旧址

红四军建军广场旧址位于江西省吉安市井冈山市龙市镇龙江河畔，这里原是一片沙洲。

1928年5月4日，为庆祝朱、毛两军会师和工农革命军第四军的成立，根据地2万多军民在这里隆重集会。开会的会台是用禾桶、木头、门板搭成的，顶上覆盖着晒垫。大会由陈毅主持，何长工担任司仪。陈毅宣布成立工农革命军第四军，毛泽东任党代表，朱德任军长，王尔琢任参谋长，陈毅任士兵委员会主任。全军下设三个师九个团。

1961年3月，国务院公布其为全国重点文物保护单位。1997年7月，中共中央宣传部公布其为全国爱国主义教育示范基地。

# 井冈山会师纪念馆

井冈山会师纪念馆位于江西省吉安市井冈山市龙市镇龙江路的北端"会师园"内，于1978年动工兴建，占地面积6789平方米。1979年定名为井冈山会师纪念馆，谭震林题写馆标。1980年5月4日建成并正式对外开放。

纪念馆是一座反映毛泽东和朱德率领的两支革命队伍在党的领导下胜利会师、创建井冈山革命根据地的专题陈列馆。共分六个展厅：序室、坚实的基础、引兵井冈山、千里苦转战、井冈大会师、会师后的发展和一个肖像长廊。展出革命文物130余件，其中国家一级文物6件，二级文物11件，三级文物20件。遗址照片、纪念地照片、人物照片、文字照片、油画、国画等300余幅。

1997年7月，中共中央宣传部公布其为全国爱国主义教育示范基地。

# 井冈山会师纪念碑

　　井冈山会师纪念碑矗立于江西省吉安市井冈山市龙市镇龙江路北端。

　　1977年10月，为庆祝井冈山革命根据地创建50周年破土动工，1980年5月4日建成。碑高19.28米，碑座长5米、宽4米，取意于1928年5月4日朱毛两军会师。碑身正面用红色大理石镶成，分别代表湘赣边秋收起义部队和南昌起义部队的两面军旗。前面顶端是中国共产党党徽，表示两支部队在党的领导下会师。碑座的两边刻有朱德纪念会师的诗篇。正面的碑文由当年参加井冈山会师的老红军战士唐天际书写，概述了会师经过和伟大的历史意义。

　　1997年7月，中共中央宣传部公布其为全国爱国主义教育示范基地。

# 龙源口大捷遗址

龙源口大捷遗址位于江西省吉安市永新县龙源口镇秋溪村。该处有座独孔拱桥，名称"久大桥"，青砖砌成，长33米，高9.2米，宽2.5米，桥头两侧岸各立有两根高1米、直径0.2米的铁柱，上面铸有"清道光十七年（1837年）建"。

1928年6月，毛泽东、朱德率领红四军在此击退国民党军对井冈山革命根据地第四次"进剿"，取得了龙源口战斗的胜利，并第三次占领永新城。得此消息，根据地人民赞扬说："不费红军三分力，打败江西两只羊（杨）。"至此，井冈山革命根据地进入全盛时期。

1959年11月，江西省人民委员会公布其为江西省文物保护单位。2006年5月，国务院公布其为全国重点文物保护单位。2009年2月，江西省委、省人民政府公布其为江西省爱国主义教育基地。

# 湘赣边界党的第一次代表大会旧址

　　湘赣边界党的第一次代表大会旧址位于江西省吉安市井冈山市茅坪乡茅坪村，原为谢氏慎公祠，始建于道光十一年（1831年）。砖木结构，总占地面积119平方米。旧址复原陈列了当年一大会议的场景。正面甬板上面悬挂着一块红布，上面贴有"中国共产党湘赣边界第一次代表大会"，下面张贴马克思、列宁的画像，厅堂正面摆放当年的供桌，地面摆放两排用砖块垫起的仿制店门板。

　　1928年5月20日，为加强边界党的统一领导，经江西、湖南两省省委同意，中共湘赣边界党的第一次代表大会在此召开。会上，毛泽东总结了半年来井冈山斗争的经验，分析了中国革命的形势，深刻阐明了中国革命的性质和特点，批判了某些右倾悲观论调，回答了"红旗到底打得多久"的疑问。

　　1961年3月，国务院公布其为全国重点文物保护单位。1997年7月，中共中央宣传部公布其为全国爱国主义教育示范基地。

攀龍書院

# 中共前敌委员会、中共湘赣边界特委旧址

中共前敌委员会、中共湘赣边界特委旧址位于江西省吉安市井冈山市茅坪乡茅坪村，原为攀龙书院，始建于1867年。坐西南朝东北，系阁楼式土木结构楼房，内有3厅1阁2天井和17间小房，建筑面积700平方米。

1927年10月7日，毛泽东率秋收起义部队进驻茅坪，前敌委员会机关就设在书院的三楼。1928年5月，湘赣边界党的第一次代表大会召开，会议选举产生了边界党的最高领导机构中共湘赣边界特委，毛泽东当选为书记，机关仍驻此。同时，这里也是工农革命军后方医院的诞生地，1927年10月7日，工农革命军来到茅坪后，为安置伤病员，在书院一楼、二楼创办了根据地最早的一所后方医院，曹嵘任院长，赵发仲任党代表，有3名医生，数名看护，连同担架兵共20余人。先后有数百名红军指战员在此得到医治，重返战场。

1961年3月，国务院公布其为全国重点文物保护单位。1997年7月，中共中央宣传部公布其为全国爱国主义教育示范基地。

# 湘赣边界工农兵政府旧址

　　湘赣边界工农兵政府旧址位于江西省吉安市井冈山市茅坪乡苍边村，原是村民袁桂林家的住房。旧址坐北朝南，砖木结构，2厅1天井7间房，面积约230平方米。

　　1928年5月下旬，为加强领导边界各县的红色政权，根据中共湘赣边界第一次代表大会的决定，召开了湘赣边界第一次工农兵代表大会，选举产生了湘赣边界工农兵政府，为边界各县的最高政权机关，下辖宁冈、永新、莲花、遂川、酃县、茶陵等六个县工农兵政府。成立之初，推选袁文才为主席。下设土地部、军事部、财政部、政法部、工农运动委员会、青年运动委员会、妇女委员会。

　　1961年3月，国务院公布其为全国重点文物保护单位。1997年7月，中共中央宣传部公布其为全国爱国主义教育示范基地。

# 新遂边陲特区工农兵政府公卖处旧址

　　新遂边陲特区工农兵政府公卖处旧址位于江西省吉安市井冈山市茨坪乡店上村。旧址坐西朝东，红泥土干打垒建筑，砖木结构，1厅1店铺4间小房，占地面积340平方米。1929年1月底，遭国民党军烧毁。1964年，政府按原貌修复。

　　1928年夏，为了粉碎敌人的经济封锁，解决根据地军民日用品的供应问题，新遂边陲特区工农兵政府决定在这里设立公卖处。物资来源主要是收购地方产品和缉获的战利品。公卖处的设置为稳定市场物价、增进根据地内外的物资交换、活跃红色区域的经济、解决军民的生活困难起了重要作用。

　　1961年3月，国务院公布其为全国重点文物保护单位。1997年7月，中共中央宣传部公布其为全国爱国主义教育示范基地。

# 黄洋界哨口营房旧址

　　黄洋界哨口营房旧址位于江西省吉安市井冈山市茨坪西北15千米的黄洋界山顶，原是一家客栈，于1923年夏倒塌。1928年夏，红四军军委决定在原客栈基础上重新建造此屋做营房。由兵房建筑处主任李少垣负责施工，宁冈县第四区工农兵政府抽派民工建造。施工时，毛泽东、朱德等曾到这里视察。1928年8月，营房竣工。

　　1928年冬，在全山军民挑粮运动中，毛泽东、朱德和红军战士挑粮上山时，都要在营房里休息一会儿，然后继续将粮食挑往井冈山上的茨坪和大小五井储藏起来。一般情况下红四军有一个排的兵力驻扎在营房内，日夜守卫井冈山根据地的北大门——黄洋界。1963年，营房旧址重建，仍然由当年负责施工的李少垣到现场指导，按原貌修复。

　　1961年3月，国务院公布其为全国重点文物保护单位。1997年7月，中共中央宣传部公布其为全国爱国主义教育示范基地。

## 朱毛红军挑粮小道

朱毛红军挑粮小道位于江西省吉安市井冈山市西北面黄洋界下，原名五里横排，是当年红军从宁冈挑粮上山路线的一小段。小道总长有50多千米，目前保留下来的挑粮小道，起点是山下的源头村，终点是黄洋界，全长3100多米。古老的羊肠小道由石块铺成，岁月留痕，剥蚀风化，很多地方已经脱坡，石块也已破损斑驳，崎岖不平。

1928年冬，由于敌军的严密封锁，根据地军民生活十分困难。为了解决根据地军民的吃饭问题，红四军发起了下山挑粮运动。毛泽东和朱德在公务繁忙的情况下，依然亲自参与挑粮运动。在他们的带领下，红军靠肩挑背驮把粮食运上了井冈山，解决了井冈山革命根据地的给养问题。

# 黄洋界保卫战胜利纪念碑

　　黄洋界保卫战胜利纪念碑位于江西省吉安市井冈山市黄洋界哨口工事的山顶上。始建于1960年10月，当时为木质结构。1965年冬，重新修建为钢筋水泥结构。碑身坐西朝东，碑高12米，底长4米，宽2.8米。正面镌刻着朱德题写的"黄洋界保卫战胜利纪念碑"，背面是毛泽东的手迹"星星之火，可以燎原"八个字。同时在竖碑的前面增建了一个横碑，碑高6.96米，底长10.94米，宽2.6米，正面是毛泽东手书的《西江月·井冈山》，背面是朱德手书的"黄洋界"三个大字。

　　1961年3月，国务院公布其为全国重点文物保护单位。1997年7月，中共中央宣传部公布其为全国爱国主义教育示范基地。

# 中国工农红军第四军小井红军医院旧址

中国工农红军第四军小井红军医院旧址位于江西省吉安市井冈山市茨坪小井村。为了改善红军伤病员的医疗条件，1928年10月，湘赣边界党的第二次代表大会决定"建设较好的红军医院"。红军和群众经过一个多月的时间，建起了这栋两层木质结构，共32间，可容纳200多名伤病员的医院，名为"红光医院"。这是中国工农红军第一所正规医院。

1929年1月底，井冈山军民第三次反"会剿"失利，敌军窜入小井村，烧毁了红军医院的这幢房子，把来不及转移的130多名重伤员押到小河边的稻田里，对他们威逼拷打后集体枪杀。

1967年，井冈山人民按历史原貌修复小井红军医院。1987年12月，江西省人民政府公布其为江西省文物保护单位。1997年7月，中共中央宣传部公布其为全国爱国主义教育示范基地。2006年6月，国务院公布其为全国重点文物保护单位。

# 柏露会议旧址

柏露会议旧址位于江西省吉安市井冈山市柏露乡柏露村，会址原为店铺，又名横店里，建于清光绪年间。旧址坐北朝南，砖木结构，一层，悬山顶盖小青瓦，建筑面积约184平方米。

1929年1月4日至7日，毛泽东在此主持召开井冈山前委、特委、红四军与红五军军委以及边界各县委的联席会议。毛泽东、朱德、陈毅、彭德怀、滕代远、何长工、谭震林、陈正人、袁文才、王佐等60多人出席了会议。这次会议是在国民党反动派大兵压境、形势十分严峻的情况下召开的。会议传达了中国共产党第六次全国代表大会的决议，讨论和通过了毛泽东代表前委写给中央的报告即《井冈山的斗争》。会议着重讨论了如何粉碎敌人第三次军事"会剿"的兵力部署，既否定了据险死守而不能解决经济困难的消极防御观点，又反对主张全部转移而不要根据地的逃跑主义，一致赞同毛泽东提出的内线作战与外线作战相结合的策略方针，决定实行"围魏救赵"的策略计划，彭德怀率领三十团与三十二团防守井冈山，红四军大部出击赣南，吸引敌人，反身从敌后打来，共同打破敌人的"会剿"。会后，红四军与红五军混合编制，红五军三纵队编为红四军三十团。彭德怀任红四军副军长兼三十团团长，滕代远任红四军副党代表兼三十团党代表。

1961年3月，国务院公布其为全国重点文物保护单位。1997年7月，中共中央宣传部公布其为全国爱国主义教育示范基地。

# 小井红军烈士墓

　　小井红军烈士墓位于江西省吉安市井冈山市茨坪小井村小河边的小井红军医院伤病员殉难处，距离小井红军医院百余米。这里原来是一片稻田。

　　1929年1月29日，湘赣两省敌军绕过黄洋界哨口，从龙潭方向突袭小井。正在小井红军医院接受治疗的130多名重伤员和部分医护人员来不及转移，不幸落入敌手，被押解到这里并被枪杀。

　　1951年，井冈山人民将部分烈士遗骨迁到茨坪重新安葬，并建立了井冈山革命先烈纪念塔以示纪念。1969年在烈士牺牲的原地再建一座烈士墓和烈士纪念碑，碑上书写着毛泽东题词"死难烈士万岁"。1989年8月，井冈山市人民政府将其列为井冈山市重点烈士纪念建筑物保护单位。1997年7月，中共中央宣传部公布其为全国爱国主义教育示范基地。

# 井冈山革命烈士陵园

井冈山革命烈士陵园位于江西省吉安市井冈山市茨坪北面的北岩峰上，于1987年10月建成。

井冈山革命烈士陵园因山就势兴建，占地面积400亩。陵园整体建筑包括陵园门庭、纪念堂、碑林、雕塑园、纪念碑五大部分。顺山而上的宽阔平台台阶分为两组：第一组49级，象征1949年新中国成立；第二组60级，寓意陵园是在井冈山革命根据地创建60周年时建成。纪念堂大门上方烫金横幅"井冈山根据地革命先烈永垂不朽"是彭真1987年视察井冈山时为陵园题写的。纪念堂设有瞻仰大厅、陈列室、吊唁大厅、忠魂堂。瞻仰大厅正面汉白玉墙面的"死难烈士万岁"六个大字是毛泽东1946年为革命烈士题写的。正面玻璃柜存放井冈山革命烈士的名册。瞻仰大厅左侧陈列室展

览的是新中国成立后去世的参加过井冈山斗争的领导人的挂像。右侧陈列室陈列的是新中国成立前牺牲的革命先烈挂像。瞻仰大厅后为吊唁大厅。吊唁大厅四周墙面嵌刻的是在井冈山革命斗争时期壮烈牺牲的15744位烈士英名录。厅中有一块汉白玉的无字碑安放在正上方，这是为在井冈山革命斗争中牺牲的那些没有留下姓名的革命烈士立的一块无名碑，以示人们对无名先烈的深切怀念。

"井冈山碑林"陈列有138块精湛的书法碑刻。井冈山雕塑园坐落于陵园东侧山头，是全国第一座以革命历史人物群像为题材的雕塑园。园内塑造毛泽东、朱德、彭德怀、陈毅、谭震林、陈正人、张子清、王尔琢、宛希先、李灿、何挺颖、王佐、袁文才、蔡协民、伍若兰、何长工、罗荣桓、滕代远、贺子珍等人的光辉形象。井冈山革命烈士纪念碑位于北山山顶，于1997年10月建成。纪念碑高达27米，意含1927年毛泽东等老一辈无产阶级革命家创建了井冈山革命根据地。主碑造型寓意井冈山的"星星之火，可以燎原""枪杆子里面出政权"。主碑基座高9.7米，表示1997年纪念井冈山革命根据地创建70周年建成。碑名为邓小平1984年题写。纪念碑前还设计建造了一尊"母亲"雕像，寓意井冈山是中国革命摇篮。

1997年7月，中共中央宣传部公布其为全国爱国主义教育示范基地。

# 井冈山革命博物馆

　　井冈山革命博物馆旧馆位于江西省吉安市井冈山市茨坪红军南路5号。1958年由国家文物局倡议兴建，1959年10月中华人民共和国成立10周年竣工开放，它是我国第一个地方性革命史类博物馆，毛泽东主席审阅陈列大纲，朱德委员长题写馆标。井冈山革命博物馆新馆于2005年9月29日动工建设，2007年10月27日竣工开馆，2007年11月5日对社会免费开放。

　　井冈山革命博物馆新馆占地面积1.782公顷，总建筑面积20030平方米，展厅面积8436平方米，运用"红色经典，现代表述"的理念，采取声、光、电和多媒体等高科技展陈手段，生动再现了毛泽东、朱德等老一辈无产阶级革命家把马克思主义的普遍原理与中国革命的具体实践相结合，点燃"工农武装割据"的星星之火，开辟第一个农村革命根据地——井冈山革命根据地的光辉历程，宣传了"农村包围城市，武装夺取政权"的具有中国特色的革命道路——井冈山道路和带有原创意义的民族精神——井冈山精神。

　　井冈山革命博物馆荣获首批全国百个爱国主义教育示范基地、首批国家一级博物馆、中国建设工程鲁班奖、新中国成立60周年"百项重大经典建设工程"、全国博物馆十大陈列展览精品特别奖等荣誉称号。1997年7月，中共中央宣传部公布其为全国爱国主义教育示范基地。2008年5月，国家文物局公布其为国家一级博物馆。

# 五、中央革命根据地旧址群

## 中华苏维埃第一次全国代表大会旧址

　　中华苏维埃第一次全国代表大会旧址位于江西省赣州市瑞金市叶坪乡叶坪村，又名谢氏宗祠，始建于明代，为二进一天井结构，天井部有人字形遮雨棚。宗祠右边一排房子，左后空。宗祠宽约15米，后厅进深约15米，天井和前厅进深约17米。整个宗祠占地500多平方米。

　　1931年11月7日至20日，在谢氏宗祠召开了苏维埃第一次全国代表大会。出席这次代表大会的有610人，会上宣告成立了中华苏维埃共和国中央临时政府，通过了《中华苏维埃共和国宪法大纲》《土地法》《劳动法》及经济政策等重要决议。选举毛泽东、项英、张国焘、周恩来、朱德等63人为第一届中央执行委员会委员，宣告了中华苏维埃共和国成立，毛泽东当选为中华苏维埃共和国临时中央政府主席。会议结束后，谢氏宗祠左右两边被木板隔成15个房间，作为各个部的办公室。

　　1961年3月，国务院公布其为全国重点文物保护单位。1997年6月，中共中央宣传部公布其为全国爱国主义教育示范基地。

# 中共苏区中央局旧址

　　中共苏区中央局旧址位于江西省赣州市瑞金市叶坪村，原为谢氏私宅，建于1924年，是一栋江南典型的两厅一井民房。

　　中共苏区中央局是全国苏维埃区域党的最高领导机构，1931年1月15日在宁都小布成立，委员有周恩来、项英、毛泽东、朱德、任弼时、余飞、曾山等9人。后增加王稼祥、顾作霖、邓发等，周恩来任书记。周恩来未到达苏区之前，项英、毛泽东先后代理书记。同年12月底，周恩来从上海到达瑞金，正式就任中共苏区中央局书记。1931年9月第三次反"围剿"胜利后，中共苏区中央局从兴国迁驻此地。

　　1961年3月，国务院公布其为全国重点文物保护单位。1997年6月，中共中央宣传部公布其为全国爱国主义教育示范基地。

# 中央执行委员会旧址（毛泽东旧居）

　　中央执行委员会旧址暨毛泽东旧居位于江西省赣州市瑞金市沙洲坝镇沙洲坝村，又名元太屋，建于1876年。旧址坐西北朝东南，土木结构，小青瓦，悬山顶，二厅一井，占地面积219.78平方米。

　　1933年4月，中央执行委员会从叶坪迁驻这里，在此居住和办公的有毛泽东、何叔衡、徐特立、谢觉哉等领导人。在此期间，毛泽东深入群众，关心群众生活和生产。他还经常作调查研究，先后写下了《必须注意经济工作》《怎样分析农村阶级》《我们的经济政策》《关心群众生活，注意工作方法》等光辉著作。1934年7月，中央执行委员会离开沙洲坝迁移云石山。

　　1961年3月，国务院公布其为全国重点文物保护单位。1997年6月，中共中央宣传部公布其为全国爱国主义教育示范基地。

# 中华全国总工会苏区中央执行局沙洲坝旧址

　　中华全国总工会苏区中央执行局沙洲坝旧址位于江西省赣州市瑞金市沙洲坝镇枣子排村，原为杨氏私宅，建于清光绪年间。旧址坐东南向西北，土木结构，悬山顶，小青瓦屋面，由32间房和3间廊屋组成，内有通道相连，无正厅，占地面积805.42平方米。

　　1933年1月，中华全国总工会从上海迁入瑞金，更名为中华全国总工会苏区中央执行局。4月与叶坪迁来的全总苏区执行局合并，刘少奇任委员长，陈寿昌、陈云先后任党团书记。下设组织、宣传、职工、青年工作等部门。此外，还建立了农业、苦力运输、店员手艺、国家企业等产业工会。1933年6月创办杂志《苏区工人》。1934年7月迁驻云石山沙排。

　　1961年，国务院公布其为全国重点文物保护单位。

# 中央革命军事委员会叶坪旧址

　　中央革命军事委员会叶坪旧址位于江西省赣州市瑞金市叶坪乡洋溪村，原为刘氏宗祠，俗称桂山祠。青砖木结构，硬山顶，坐东北面西南，二厅一井，面阔三间，占地面积277平方米。

　　1931年11月25日，中华苏维埃共和国中央革命军事委员会在此成立，朱德任主席，王稼祥、彭德怀任副主席，下设总参谋部、总政治部、总经理部、地方工作部、武装动员部、总兵站部、总军医处、政治保卫局以及秘书处、抚恤委员会、中央军事政治学校等机构，总参谋部内设一至六局。朱德、王稼祥、叶剑英曾在这里办公或居住。1932年6月，中央革命军事委员会机关随红一方面军总部迁移前方。

　　1957年7月，江西省人民委员会公布其为江西省文物保护单位。

# 中央革命军事委员会沙洲坝旧址

　　中央革命军事委员会沙洲坝旧址位于江西省赣州市瑞金市沙洲坝镇乌石垅村，旧址原为杨氏私祠，占地328平方米。

　　1931年11月25日，中央革命军事委员会在瑞金叶坪宣告成立。朱德任主席，王稼祥、彭德怀任副主席，中革军委先后设有总参谋部、总政治部、地方工作部、武装动员部、总经理部、总兵站部、总军医处、政治保卫局以及秘书处、抚恤委员会、中央军事政治学校等机构，总参谋部内设一至六局。1932年6月随红军开往反"围剿"前线，1933年5月撤回沙洲坝乌石垅村。朱德、项英、周恩来、刘伯承、叶剑英等先后在此办公和居住。

　　1961年3月，国务院公布其为全国重点文物保护单位。1997年6月，中共中央宣传部公布为其全国爱国主义教育示范基地。

## 中央人民委员会沙洲坝旧址

　　中央人民委员会沙洲坝旧址位于江西省赣州市瑞金市沙洲坝镇沙洲坝村，原为杨家财私厅，为晚清建筑，土木结构。

　　1931年11月27日，中华苏维埃共和国中央人民委员会成立。1933年4月中央人民委员会从叶坪迁到沙洲坝。毛泽东为主席，项英、张国焘为副主席。下设九个部和一个局，分别为外交、军事、劳动、财政、土地、教育、内务、司法、工农检察部和国家政治保卫局。1933年2月，经中央执行委员会批准，增设了国民经济人民委员部。1934年1月，又增设了粮食人民委员部。这些部局都分散在附近办公。中央人民委员会是中央执行委员会下设的最高行政机关，负责指挥全国政务，并向中央执行委员会及其主席团报告工作。

　　1961年3月，国务院公布其为全国重点文物保护单位。1997年6月，中共中央宣传部公布其为全国爱国主义教育示范基地。

# 中央人民委员会云石山旧址

　　中央人民委员会云石山旧址位于江西省赣州市瑞金市西18千米处，原为云山古寺，是一幢江南建筑风格的庭院式普通民房。

　　1934年7月，正是中央革命根据地硝烟四起，第五次反"围剿"斗争最为激烈时刻，原驻在沙洲坝的中央机关已被敌人发现，为安全起见，所有中央领导机关都迁移到较为隐蔽的云石山，并分散在就近的各个村庄。中央人民委员会就驻在云石山头的寺庙之中。

　　1987年，江西省人民政府公布其为江西省文物保护单位。2006年5月，国务院公布其为全国重点文物保护单位。

# 中央内务人民委员部、中央司法人民委员部旧址

中央内务人民委员部、中央司法人民委员部旧址位于江西省赣州市瑞金市象湖镇瑞明村，又名杨氏祠堂。为砖木混合结构，占地面积约444平方米。堂前有一个小院，堂内有两个天井，三进建筑，两侧各有三间厢房，四周砖墙围护。

中央内务人民委员部成立于1931年11月，从建立之日起领导并卓有成效地开展了民警与治安、户政与婚姻、交通与邮政、卫生建设、民主选举、拥军优属、社会救济等方面的工作，内设市政管路局、行政管理局、卫生管理局、交通管理局、社会保障管理局、邮电管理局、总务处等部门。

中央司法人民委员部是中华苏维埃共和国临时中央政府中央执行委员会设立的主管司法行政工作的机构，成立于1931年11月，设中央司法委员会、刑事处、民事处、劳动感化处及总务处。

1960年6月，江西省人民政府公布其为江西省文物保护单位。1997年6月，中共中央宣传部公布其为全国爱国主义教育示范基地。

# 中央国民经济人民委员部沙洲坝旧址

中央国民经济人民委员部沙洲坝旧址位于江西省赣州市瑞金市沙洲坝镇沙洲坝村，又名杨氏祠厅。旧址坐北朝南，砖木结构，宽二间，深一间，占地面积976平方米。因年久失修部分房屋已倒塌，2001年按原貌进行了修复。

为了提高苏区的各业生产，扩大对内外贸易，发展苏区的国民经济，打破敌人的经济封锁，1933年2月26日，中央人民委员会召开会议，决定设立中央和地方各级国民经济人民委员部。同年4月，中央国民经济人民委员部在沙洲坝正式成立，邓子恢、

林伯渠、吴亮平先后任部长。国民经济人民委员部内设调查统计局、设计局、粮食调剂局、合作社指导委员会、对外贸易局、国有企业管理局、总务处等机构。1933年8月，组织召开了南部17县和北部11县经济建设大会。中央国民经济人民委员部的成立对于集中一切力量保证战争需要，改善人民群众生活，推动苏区经济建设事业的发展发挥了重要作用。

1997年6月，中共中央宣传部公布其为全国爱国主义教育示范基地。2006年5月，国务院公布其为全国重点文物保护单位。

## 中央财政人民委员部沙洲坝旧址

中央财政人民委员部沙洲坝旧址位于江西省赣州市瑞金市沙洲坝镇沙洲坝村，原为杨兆洛祠堂。土木结构，坐北向南，悬山顶，宽三间，深二间，二层楼，占地面积386平方米。

1933年4月，随着临时中央政府迁到沙洲坝，中央财政人民委员部也迁到此地。此时的财政部职能已初步健全，管理趋于正常。下设会计处、审计处、总务处、税务局、公债管理局、钱币管理局、国有资产管理局、合作社指导委员会等工作机构。同时还办了一个印刷厂，并在财政部左侧20米处的国家银行（毛泽民任行长，隶属于财政部）内设立总金库。财政部是当时中央各部中最大的一个。工作人员也于1934年发展到40余人，但到长征时，人员调减到20—30人。同时，在各省、县、市、区相应设立财政部，行政上隶属于上级财政部，受同级苏维埃政权指导。

1997年6月，中共中央宣传部公布其为全国爱国主义教育示范基地。2006年5月，国务院公布其为全国重点文物保护单位。

# 中央土地人民委员部沙洲坝旧址

　　中央土地人民委员部沙洲坝旧址位于江西省赣州市瑞金市沙洲坝镇沙洲坝村，当地群众称为杨氏众厅，建于清光绪二十二年（1896年），占地面积为540平方米。土木结构，坐北朝南偏东，悬山顶，二厅一井，上下进栋，左右有洞水房10间。

　　中央土地人民委员部成立于1931年11月，是中央人民委员会下设的机构之一。张鼎丞为首任部长。下设没收分配局、山林水利局、土地建设局和调查统计局，并设立了农业实验场。后来还专门组建了土地税检查委员会和生产合作社指导委员会。

　　中央土地人民委员部起初在叶坪谢氏宗祠办公。1933年4月，随中央机关迁驻此地。1934年7月迁往云石山。它成立后，开展了耕田、水面、山林的调查，并根据临时中央政府地权农有的政策，推出了实地土地登记、发证等举措。苏区农民拿到土地部颁发的耕田证、渔塘证、耕山证。此外，还推行奖励耕种等政策。这些政策的实施为发展苏区农业生产、解放生产力、开展经济建设、支援革命战争、巩固中央革命根据地起了重要作用。

　　1997年6月，中共中央宣传部公布其为全国爱国主义教育示范基地。2006年5月，国务院公布其为全国重点文物保护单位。

# 中央教育人民委员部沙洲坝旧址

  中央教育人民委员部沙洲坝旧址位于江西省赣州市瑞金市沙坪坝镇沙坪坝村。1933年4月由叶坪谢氏宗祠迁驻这里。原址损毁严重，为了便于保管和人民群众参观，2001年10月在沙洲坝革命旧址群内重建了中央教育人民委员部旧址。新建的旧址占地面积144平方米，坐北朝南，前有围院，内设史料陈列馆。

中央教育人民委员部（简称教育部）于1931年11月成立，是中央人民委员会下设的主管苏区教育工作的国家行政机关，瞿秋白为部长，徐特立为副部长。因瞿秋白在上海，未能到职，1932年3月，任命徐特立为代部长。部长之下设部务委员会，委员有瞿秋白、沙可夫、魏延群、曾镜冰、张欣、阿丕（陈丕显）、潘汉年、方维夏等。1934年2月，瞿秋白来到中央苏区就任教育部部长，徐特立和瞿秋白密切配合，克服重重困难，进一步推动了苏区文化教育事业的发展。

　　教育部分设初等教育局、高等教育局、社会教育局、艺术局和编审局、行政局、秘书处。并设置了巡视委员会、消灭文盲协会、临时中央干事总会等，对苏区各级教育部门和学校实行管理和指导，也帮助中央军事委员会开展红军教育，帮助苏维埃政府开展干部教育，指导苏区各地开展职业技术教育、工农业余教育、儿童教育和师范教育。在兴学办教中，教育部制定了《苏维埃教育法规》等一系列教育工作的方针政策和法律法规，创立了新的教育制度和教学制度，建立了相当庞大的文化阵地，使大多数苏区群众接受了教育，又为各级党、政、军群团体培养和输送了大批干部和专业技术人才，在苏维埃的各项事业建设中起了至关重要的作用。毛泽东在"二苏大会"报告中曾对教育部的工作高度评价说："谁要是跑到我们苏区来看一看，那就立刻看见是一个自由光明的新天地。"

# 中央审计人民委员会旧址

中央审计人民委员会旧址位于江西省赣州市瑞金市沙洲坝镇沙洲坝村，原系杨氏众厅，建于清代光绪年间，因年久失修，毁损严重。1997年按原貌修复开放。

中华苏维埃共和国临时中央政府成立后，在中央财政人民委员部内设立了审计处，各省财政部设立了审计科，在邮政部门设立了审查科，在各类合作社中也设立了审查委员会，开展了内部审计工作。1933年9月，在中央人民委员会之下成立了中央审计委员会，委任高自立、梁柏台、吴亮平为委员。1934年2月，为强化审计监督，苏维埃中央执行委员会决定将中央审计委员会提升为受中央执行委员会直接领导，使其成为与中央人民委员会和最高法院平行的政权机构，并委任阮啸仙为中央审计委员会主任。

1997年6月，中共中央宣传部公布其为全国爱国主义教育示范基地。2006年5月，国务院公布其为全国重点文物保护单位。

# 中央粮食人民委员部旧址

　　中央粮食人民委员部旧址位于江西省瑞金市沙洲坝镇沙洲坝村，原为杨姓私宅。旧址东南朝向，土木结构，四间居室，两间厢房，一间大厅，建筑面积约400平方米，上、下厅之间有天井，是典型的客家民居建筑。红军长征后被毁，1953年重建。

　　中央粮食人民委员部是中华苏维埃共和国中央执行委员会下设的行政机关，于1934年1月设立。中央粮食人民委员部成立后，卓有成效地开展了大量繁重而复杂的工作，如期完成了1934年春季收集土地税和公债谷子的突击任务，及1934年7月15日前收集24万担粮食的动员工作，为中央苏区的建设以及支援革命战争做出了重要贡献。

　　1997年6月，中共中央宣传部公布其为全国爱国主义教育示范基地。2006年5月，国务院公布其为全国重点文物保护单位。

# 中华苏维埃共和国总金库旧址

中华苏维埃共和国总金库旧址位于江西省赣州市瑞金市叶坪乡叶坪村。旧址始建于清宣统二年（1910年），土木结构，坐西南朝东北，占地面积27平方米。

中华苏维埃共和国总金库建立于1933年1月，归财政部国库管理局管理，负责国家现金的收付和保管等项业务。下设主任、会计、出纳各1人。由国家银行行长毛泽民兼任主任。1933年4月，总金库机关随同国家银行迁驻瑞金沙洲坝。

1997年6月，中共中央宣传部公布其为全国爱国主义教育示范基地。2006年5月，国务院公布其为全国重点文物保护单位。

# 中革军委总参谋部管理局旧址

  中革军委总参谋部管理局旧址位于江西省赣州市瑞金市沙洲坝镇金龙村乌石垅，又名杨氏宗祠。旧址坐东北朝西南，土木结构，宽三间，深二间，占地面积310平方米。

  1931年11月，中革军委总参谋部成立了管理科。1932年10月，总参谋部管理科扩大为第三局，宋裕和任局长，主要任务是负责队务管理，拟订伤病员撤退计划和命令，办理直属队人员的外迁调补，后方归队人员和新补充人员的登记，组织输送前线作战物资，承办文印工作，负责军委和总部领导的服务保障等。

  1997年6月，中共中央宣传部公布其为全国爱国主义教育示范基地。2006年5月，国务院公布其为全国重点文物保护单位。

# 中国工农红军总政治部旧址

中国工农红军总政治部旧址位于江西省赣州市瑞金市沙洲坝镇官山村，原为杨氏公祠，建于清咸丰年间。坐西北朝东南，土木结构，后改为砖木结构，小青瓦屋面，悬山顶，面阔七间，占地面积1311.87平方米。

1931年11月中央革命军事委员会成立后，即成立了中华苏维埃共和国中央革命军事委员会总政治部。1932年1月改称中国工农红军总政治部，是全国红军和地方部队的最高政治工作领导机关，与中央革命军事委员会一起直接隶属中共中央和临时中央政府领导。内设组织部、宣传部、动员部、敌工部、青年部、《红星》报部等机构。在这里办公和居住的有红军总政治部主任王稼祥，副主任贺昌、杨尚昆，代主任顾作霖，秘书长萧向荣和《红星》报主编邓小平等。1934年7月迁驻瑞金云石山岩背村。

1987年12月，江西省人民政府公布其为江西省文物保护单位。1997年6月，中共中央宣传部公布其为全国爱国主义教育示范基地。2006年5月，国务院公布其为全国重点文物保护单位。

# 红军无线电总队旧址

红军无线电总队旧址位于江西省赣州市瑞金市叶坪乡叶坪村，原是谢氏宗祠，建于20世纪20年代。旧址坐北朝南，悬山顶，土木结构，一排四间一私厅，占地面积82.47平方米。

1931年6月，红一方面军在建宁成立无线电总队。7月，无线电总队随中共苏区中央局和红一方面军总部从兴国迁驻这里。第一次反"围剿"胜利后，红一方面军将一部15瓦电台和部分通信设备以及俘虏过来的国民党电台技术人员在宁都小布组建了红军第一个无线电通信大队。长征前夕，电台增至36部之多。1933年4月，红军无线电总队随临时中央政府迁驻沙洲坝。

1997年6月，中共中央宣传部公布其为全国爱国主义教育示范基地。2006年5月，国务院公布其为全国重点文物保护单位。

# 临时中央政府电话总机室旧址

　　临时中央政府电话总机室旧址位于江西省赣州市瑞金市叶坪乡叶坪村。原是民房，土木结构，悬山顶，坐东南朝西北。整栋建筑排房5间，右二和右三间为电话总机室旧址，其余房间为群众住房，占地面积53平方米。

　　临时中央政府电话总机室于1931年11月在此成立，先隶属邮政局，后归电话局领导。内设30门至50门的总机一台，主要任务是负责中央政府各机关的电话业务。随着中央革命根据地的发展，1932年下半年，还开设了沟通附近苏区省、县电话。1933年4月，电话总机室随中央政府迁往沙洲坝。

　　1997年6月，中共中央宣传部公布其为全国爱国主义教育示范基地。2006年5月，国务院公布其为全国重点文物保护单位。

# 临时中央警卫营旧址

临时中央警卫营旧址位于江西省赣州市瑞金市叶坪乡叶坪村，原为谢氏宗祠。

1931年11月，中华苏维埃共和国成立后，中央党、政、军机构及其工作部门相继建立和完善，警卫任务随之加重。1932年7月，中央警卫连扩充为中央警卫营。1933年4月，中央警卫营随同中央机关迁驻瑞金沙洲坝。

1997年6月，中共中央宣传部公布其为全国爱国主义教育示范基地。2006年5月，国务院公布其为全国重点文物保护单位。

# 红色中华通讯社旧址

红色中华通讯社旧址位于江西省赣州市瑞金市叶坪村，又名谢氏私厅，建于1924年。坐西朝东，悬山顶，宽三间，深二间，占地面积121.5平方米。红色中华通讯社是新华社的前身，也是中国共产党在根据地创建的第一个新闻通讯机关。

1931年11月2日，红色中华通讯社正式成立。1934年10月随中央红军长征。从诞生起通讯社就在党中央的直接领导下开展工作，肩负党和人民赋予的神圣使命，发挥喉舌、耳目、智库和信息总汇作用，为党团结带领全国各族人民取得革命、建设和改革的重大胜利做出了重要贡献。

1995年，新华社拨出专款对红色中华通讯社旧址进行修缮，并将其命名为"新华社革命传统教育基地"。1997年6月，中共中央宣传部公布其为全国爱国主义教育示范基地。2006年5月，国务院公布其为全国重点文物保护单位。

# 中央出版局旧址

　　中央出版局旧址位于江西省赣州市瑞金市叶坪乡叶坪村。旧址原为谢氏民房，为清末建筑，坐北朝南，悬山顶，宽三间，深一间，占地面积210平方米，是中华苏维埃共和国临时中央政府新闻出版发行事业的管理机构。

　　中央出版局成立于1931年12月。1933年4月，中央出版局机关从这里迁到沙洲坝办公。内设出版科、编审科、总发行部、财务室等机构，开始由朱荣生担任局长。1932年7月14日，由张人亚接任。在中央出版局的管理下，中央苏区出版发行了大量的党政、军事、经济、文化教育和医疗卫生建设等方面的报刊书籍，为宣传革命思想、活跃民众生活、巩固苏维埃政权等方面起了重要作用。据不完全统计，中央苏区时期，出版发行的各类书籍总数达400多种，各类报刊达130余种。中央出版局不仅在出版发行事业上负管理之责，而且经常自行编辑、出版书籍，如出版《农民问题》《布尔什维克的三十年》《论清党》《政治经济学》等著作。

　　1997年6月，中共中央宣传部公布其为全国爱国主义教育示范基地。2006年5月，国务院公布其为全国重点文物保护单位。

# 少共中央局沙洲坝旧址

　　少共中央局沙洲坝旧址位于江西省瑞金市沙洲坝镇沙洲坝村。旧址原为建于清朝乾隆年间的杨氏祠堂，是两层楼式土木结构瓦房，祠内分上下二厅，厅内有天井，上下厅共有21间，建筑面积1507.8平方米。

　　1933年1月，少共中央局从上海迁驻此地。同年4月，少共苏区中央局也从叶坪迁驻此地。在这里工作和居住的有少共中央局书记何克全（凯丰）、宣传部长陆定一、刘英以及少先队总队长张爱萍、胡耀邦、儿童局书记陈丕显等。共青团组织是中国共产党的助手和革命生力军，在组织和动员苏区青少年参加红军、支前作战、反对旧社会陈规陋习、建立革命新风尚等方面发挥了积极的作用。

　　1961年3月，国务院公布其为全国重点文物保护单位。1997年6月，中共中央宣传部公布其为全国爱国主义教育示范基地。

# 中国工农红军学校旧址

　　中国工农红军学校旧址位于江西省赣州市瑞金市象湖镇向阳南路，又名杨氏宗祠。杨氏宗祠并排五祠（朝奉、时省、时泰、孟舟和中宪第），全系砖木结构，坐东北向西南，硬山顶，两厅一井或三厅两井。五祠总面积为3154.9平方米。

　　1932年春，中国工农红军学校在这里成立，刘伯承任校长兼政委，何长工任副校长，林野任训练部部长，欧阳钦任政治部主任。内设校务处、政治处、训练处。毛泽东、叶剑英、刘伯承等领导人亲自为学员讲课。中国工农红军学校自开办后至1933年秋，共招生六期，为红军部队培养各级军政干部6000多名。

　　2006年12月，江西省人民政府公布其为江西省文物保护单位。

# 中华苏维埃第二次全国代表大会旧址

中华苏维埃第二次全国代表大会旧址位于江西省赣州市瑞金市沙洲坝镇沙洲坝村。会议在中华苏维埃共和国临时中央大礼堂举行。礼堂坐西北朝东南，砖混结构，主体建筑外形呈八角形。礼堂共有两层，可容纳2000多人。大礼堂四周共有14道门、41个百叶窗，便于通风采光和人员疏散，占地1500平方米。

中华苏维埃共和国临时中央政府大礼堂于1933年8月动工，1934年1月落成。由钱壮飞设计，袁福钦任工程指导。1934年1月21日至2月1日，第二次全国苏维埃代表大会在这里召开。大会通过了修改后的宪法大纲、土地法、婚姻法等法律法令，选举了新一届中央执行委员会，号召民众保卫红色政权，支援革命战争。此外，还在这里召开过中国工农红军第一次全国政治工作会议等重要会议。红军主力长征后，大礼堂遭敌人拆毁。1956年按原貌修复。

1961年3月，国务院公布其为全国重点文物保护单位。1997年6月，中共中央宣传部公布其为全国爱国主义教育示范基地。

# 中央革命博物馆旧址

中央革命博物馆旧址位于江西省瑞金市沙洲坝镇沙洲坝村老茶亭，原为杨氏村民私宅，建于清光绪年间。旧址坐北向南偏西，土木结构，悬山顶，共有7间房，占地面积210平方米。

中国共产党非常重视博物馆建设。1931年11月，中华苏维埃共和国临时中央政府成立后，就开始组织革命文物的征集和革命博物馆的建设。第一次全国苏维埃代表大会通过的《中国工农红军优待条例》明确要求各地要将牺牲和病故的红军战士的遗物收集起来，规定"死亡战士之遗物，应由红军机关或政府收集，在革命历史博物馆中，陈列以表纪念"。在"一苏"大会期间，临时中央政府还在叶坪村举办红军战利品展览，将红军在三次反"围剿"战争中缴获的各种战利品陈列展出，供会议代表参观学习。

1932年9月，中华苏维埃共和国临时中央政府发布公告《人民委员会对于赤卫军及政府工作人员勇敢参战受伤残废及死亡的抚恤问题的决议案》，其中第四条写道："凡赤卫军及政府工作人员，因作战死亡者…—旦有革命意义的物品，应保存于革命陈列馆中。"1933年5月25日，临时中央政府教育部代部长徐特立签发《中央革命博物馆征集陈列品启事》，并在《红色中华》报上刊登。

1934年1月，经过紧张筹备，"二苏"大会召开期间，中央革命博物馆就在这幢杨氏民房里正式开馆，展出了以十大类革命史为主要内容的陈列，苏区军民踊跃前来学习。

1997年6月，中共中央宣传部公布其为全国爱国主义教育示范基地。2006年5月，国务院公布其为全国重点文物保护单位。

# 博生堡

博生堡位于江西省赣州市瑞金市叶坪乡叶坪村。

该堡为纪念赵博生建造，由第二次全国苏维埃代表大会准备委员会监造，梁柏台负责工程指导，钱壮飞设计。1933年8月1日动工，1934年1月31日建成。整个堡由青砖砌成，呈四方形，砖木结构，边长5.35米，高7米，占地面积33.21平方米。其寓意为纪念赵博生在第四次反"围剿"中英勇牺牲。

1961年，国务院公布其为全国重点文物保护单位。1997年6月，中共中央宣传部公布其为全国爱国主义教育示范基地。

# 公略亭

公略亭位于江西省赣州市瑞金市叶坪乡叶坪村，是中华苏维埃共和国临时中央政府为纪念黄公略烈士而建造。1933年8月1日动工，1934年1月竣工落成。亭为三个角，寓意黄公略是在第三次反"围剿"中牺牲的。亭中立了一块三棱锥体的石碑，上刻有黄公略传略。

黄公略，生于1898年，湖南湘乡人，黄埔军校毕业后参加了北伐战争，1927年加入中国共产党，1928年和彭德怀共同领导了平江起义，曾先后担任红五军第二纵队队长、军委书记和副军长、红五军军长、红一方面军总前委委员、红三军军长等职。1931年10月，第三次反"围剿"胜利后，黄公略率领红三军转移途中，在吉安东固遭到敌机袭击，不幸中弹牺牲，年仅33岁。毛泽东听到黄公略牺牲的消息后，非常悲痛，第二天，在兴国主持了黄公略的追悼大会，高度赞扬了黄公略的一生。

1961年3月4日，国务院公布其为全国重点文物保护单位。1997年6月，中共中央宣传部公布其为全国爱国主义教育示范基地。

# 红井

　　红井位于江西省赣州市瑞金市沙洲坝镇沙洲坝村。

　　1933年4月，临时中央政府从叶坪迁到沙洲坝后，毛泽东就住在这个村子。他发现村民饮水困难后，召集全村的人开了一次解决饮水困难的村民大会。大会上许多群众说："这个地方不能挖井，挖井会受到报应，就是挖也不一定能挖出水来，这个地方是旱龙。"毛泽东听了，哈哈大笑，说："迷

信不可信，这井我来挖。"此后，毛泽东带领几个红军战士在村前几十米的地方进行了水源的勘探，并破土动工。群众见毛主席亲自开挖水井，也纷纷带着工具一起动手，挖到5米深的地方时，一股泉水喷涌而出。此后，沙洲坝的其他村民也纷纷挖井，村民们的饮水问题终于解决了。

1961年3月4日，国务院公布其为全国重点文物保护单位。1997年6月，中共中央宣传部公布其为全国爱国主义教育示范基地。

# 中央革命根据地历史博物馆

　　中央革命根据地历史博物馆位于江西省赣州市瑞金市象湖镇龙珠路1号。博物馆依山而建，占地面积68亩，主体建筑面积10100平方米，陈列面积4800平方米。1953年博物馆筹建。1958年正式开馆，原名"瑞金革命纪念馆"，1994年更名为"瑞金中央革命根据地纪念馆"。2004年改扩建新馆，2007年10月新馆工程竣工，江泽民题写了"中央革命根据地历史博物馆"馆名。

中央革命根据地历史博物馆是为了纪念土地革命战争时期毛泽东、朱德、周恩来等老一辈无产阶级革命家领导创建中央革命根据地和红一方面军，缔造中华苏维埃共和国的历史而建立的专业性纪念馆。纪念馆基本陈列为《人民共和国从这里走来——中华苏维埃共和国历史》，共分六大部分。采用了油画、场景、多媒体、幻影成像、超现实仿真雕像等先进的声、光、电展陈手段，再现了中国共产党领导苏区军民进行反"围剿"斗争，创建巩固革命根据地，建立中华苏维埃共和国临时中央政府的艰难历程以及进行治国安邦伟大实践，展现了中华苏维埃共和国历史演变的全过程，诠释了中华苏维埃共和国与中华人民共和国的传承关系。博物馆现藏文物1万多件，其中一级藏品148件、二级藏品365件、三级藏品621件。

　　1994年11月，江西省委、省人民政府公布其为江西省爱国主义教育基地。1997年6月，中共中央宣传部公布其为全国爱国主义教育示范基地。

## 宁都起义总指挥部旧址

宁都起义总指挥部旧址位于江西省赣州市宁都县梅江镇梅江路，是一幢仿罗马式的二层楼房建筑，原为宁都耶稣堂，建于1916年，占地面积361.71平方米。前主楼后附楼的布局，砖木结构，环绕回廊，主楼面阔16.66米，进深15.86米，附楼面阔7.10米，进深11.12米。

1931年12月14日，国民党二十六路军17000余人在该军地下党组织中共特别支部委员会的策动、组织和中央革命军事委员会的指挥下，由赵博生、董振堂、季振同、黄中岳率领，于江西宁都县起义，加入中国工农红军，成立中国工农红军第五军团。季振同任总指挥，肖劲光任政治委员，董振堂任副总指挥兼红十三军军长，赵博生任参谋长兼红十四军军长，黄中岳任红十五军军长。

宁都起义是中国共产党在第二次国内革命战争时期领导的规模最大的而且是取得完全胜利的一次兵暴。毛泽东曾在1938年题词："以宁都起义的精神用于反对日本帝国主义，我们是战无不胜的。"这是中国现代革命史上一次著名的、有重大和深远历史意义的事件。

1987年12月，江西省人民政府公布其为江西省文物保护单位。1988年1月，国务院公布其为全国重点文物保护单位。

# 宁都会议旧址

　　宁都会议旧址位于江西省赣州市宁都县东山坝镇小源村，原为榜山翁祠，建于清康熙年间，平面长方形，坐西向东，西面檐阶前为一场地，东、南为过道，北邻土房。通长21米，通宽13.55米，通高9.9米，占地面积307.2平方米，砖木结构，小青瓦屋面。

　　为了解决前后方领导人关于第四次反"围剿"战略方针上日益激化的分歧，1932年10月上旬，中共苏区中央局在江西宁都召开全体会议。周恩来、毛泽东、朱德、王稼祥、顾作霖、邓发、任弼时、项英等出席了会议。会议在"左"倾思想占上风的情况下，通过了"左"的军事行动方针，要求红军在敌军合围未成之前，主动出击，以夺取中心城市，争取江西首先胜利。会议还错误地决定取消前线最高军事会议制度，并无视周恩来"坚持要毛同志在前方助理，或由毛同志负主持战争责任"的意见，不顾王稼祥、朱德的反对，最后以所谓"批准毛同志暂时请病假，必要时到前方"为由，排挤毛泽东对红军的领导。

　　2000年7月，江西省人民政府公布其为江西省文物保护单位。2019年10月，国务院公布其为全国重点文物保护单位。

# 土地革命干部训练班旧址（毛泽东旧居）

　　土地革命干部训练班旧址暨毛泽东旧居位于江西省赣州市兴国县潋江镇横街，原为潋江书院，建于清乾隆三年（1738年），为庭院式建筑。旧址由南而北建在一条中轴线上，四周均建有围墙，由门厅、讲堂、拜厅、魁星阁、文昌阁等组成，占地面积4903平方米，院内建筑面积1689.9平方米，共分为五进，左右有土木结构房二栋，墙上还保留有苏区时期的标语。

　　1929年4月，毛泽东率领红四军首次来到兴国，住潋江书院文昌宫，并在这里召开兴国县党团活动分子会议，传达中国共产党第六次全国代表大会精神，制定《兴国县土地法》和《兴国县革命委员会政纲》，指导成立兴国县革命委员会。同时还在这里举办了陈奇涵、胡灿、肖华等48人参加的土地革命干部训练班。毛泽东在训练班上详细地讲解了中国共产党的十大政纲和《兴国县土地法》，训练班办了7天。通过办训练班，从思想上、组织上为革命培养了一批骨干力量，为兴国成为土地革命斗争的先进区域和"创造第一等的工作"先进模范县奠定了坚实基础。

　　1957年，江西省人民委员会公布其为江西省文物保护单位。2001年6月，中共中央宣传部公布其为全国爱国主义教育示范基地。2006年5月，国务院公布其为全国重点文物保护单位。

# 中央红军总医院旧址

　　中央红军总医院旧址位于江西省赣州市兴国县鼎龙乡茶岭村。旧址原为民房，坐西朝东，悬山屋顶，并列三幢，砖木结构，二院门，占地面积778平方米。

　　1931年10月，红一方面军在兴国城岗正气坑创办红军后方医院，不久迁至茶岭，正式更名为中央红军总医院，院长王立忠，政委兼政治部主任陈明，共有干部职工300人左右，分总务、财务、医务三科，下辖五个医务所。虽然设备简陋、药品缺乏，但由于全体医务人员的精心治疗，从第三次反"围剿"前线送来的3000多名红军伤病员大多数恢复了健康，重返前线。1934年4月，医院迁往瑞金。

　　1999年2月，兴国县人民政府将其列为兴国县文物保护单位。2000年7月，江西省人民政府公布其为江西省文物保护单位。

# 中央兵工厂旧址

　　中央兵工厂旧址位于江西省赣州市兴国县兴莲乡官田村，主要由总务科、枪炮科、弹药科、利铁科、工人俱乐部五大旧址组成。总务科为砖木结构，两层楼房，悬山顶，前后两进，中开天井，前有照壁、围墙和牌坊式门楼，占地面积1022.4平方米。枪炮科、弹药科在陈氏宗祠，砖木结构，封头山墙，硬山屋顶，面开三门，麻石门框，占地面积分别为414平方米和355平方米。利铁科为土木结构，两层楼房，悬山屋顶，占地面积230平方米。工人俱乐部为土木混合结构，悬山屋顶，前后两进，前栋前有戏台，柱上有"主义尊马列，政权归工农"对联一副，占地面积628平方米。

　　1931年至1934年，中央军委在此创办中央兵工厂，初创时设总务科（厂部）、枪炮科、弹药科、利铁科和工人俱乐部，后扩建为枪炮、弹药、杂械三厂。兵工厂从初建时仅有的几十名工人，后发展到400多人，设备从仅有锉刀、打铁炉发展到有发电机、车床和鼓风机等机械设备，兵工厂驻官田期间，修配和制造了大量枪支弹药，有力地支援了革命战争。它是红军时代我党我军创办的第一个大型综合性兵工厂，被誉为"人民兵工的始祖"。

　　1983年8月，兴国县人民政府将其列为兴国县文物保护单位。1987年12月，江西省人民政府公布其为江西省文物保护单位。2001年6月，中共中央宣传部公布其为全国爱国主义教育示范基地。2006年5月，国务院公布其为全国重点文物保护单位。

弹药科旧址

厂部旧址

枪炮科旧址

# 中共江西省委旧址

　　中共江西省委旧址位于江西省赣州市兴国县潋江镇牛坑塘，原为黄姓私宅，始建于清末民初，占地面积415平方米，坐北向南，砖木结构，硬山屋顶，两层楼房。上层廊柱间围以栏杆，下层廊柱间为青砖砌圆顶拱门。第一进前为檐廊，竖有三对砖砌廊柱；第一、第二进有一天井，天井两侧为内廊；第二进中为大厅。两侧各一平房，上下两层共有住房20间。

　　1931年10月中旬，中共江西临时省委在兴国恢复成立，任弼时兼任临时省委书记。11月上旬，江西省委正式成立，中共苏区中央局决定由卢永炽任书记，后因故改由陈正人代理书记，年底由李富春正式担任书记。在此期间，江西省委领导全省人民扩大红军，发展生产，支援革命战争，取得了优异成绩。

　　1987年12月，江西省人民政府公布其为江西省文物保护单位。

# 江西军区旧址（含红军检阅台）

　　江西军区旧址（含红军检阅台）位于江西省兴国县潋江镇筲箕村。原为黄氏洋房，占地面积688.82平方米。旧址坐东向西，砖木结构，硬山屋顶，两层楼房，前、后两进，中间置天井，上下两层共有28间。

　　1932年1月9日，江西军区总指挥部在兴国县成立。江西军区下辖5个分区、4个独立师、江西红色警卫团及29个县独立团，先后组建了红军第二十一军、新编二十二军、二十三军等部队。陈毅、彭雪枫（代）、蔡会文、李赐凡先后担任军区总指挥（司令），陈毅（兼）、李富春（兼）、彭雪枫、曾山（兼）先后担任军区政治委员。军区机关起初设在兴国县城的社门前李祖章家，后因敌机常来轰炸，便迁到筲箕村黄绍明家驻扎。1932年6月，红军攻打南雄、水口，江西军区迁往于都，后又迁回筲箕村，驻地建有红军检阅台。

　　1987年12月，江西省人民政府公布其为江西省文物保护单位。2001年6月，中共中央宣传部公布其为全国爱国主义教育示范基地。2006年5月，国务院公布其为全国重点文物保护单位。

# 江西省第一次工农兵代表大会旧址

江西省第一次工农兵代表大会旧址位于江西省赣州市兴国县潋江镇背街红军桥北桥，原为陈氏宗祠，始建于清朝光绪二十七年（1901年）。旧址坐西向东，砖木结构，前后围墙，分上下两厅，占地面积为921平方米。祠内14根红石大柱上仍留存有"进行持久的艰苦战争"等30余条苏区时期的标语。

1932年5月1日至8日，江西省第一次工农兵代表大会在此召开，有240余名正式代表和20多名候补代表参加了大会。项英、曾山、陈毅等23人为大会主席团成员。临时中央政府代表项英作政治报告，曾山作江西省苏维埃政府工作报告。大会通过了土地、扩红、财政、经济、文化教育工作问题以及《拥护临时中央政府对日战争宣言》等8个决议案。选举产生了新的江西苏维埃政府执行委员会，曾山当选为江西省苏维埃政府主席，陈正人、胡海当选为副主席。

1983年8月，兴国县人民政府将其列为县级文物保护单位。1987年12月，江西省人民政府公布其为江西省文物保护单位。2006年5月，国务院公布其为全国重点文物保护单位。

江西省第一次工农兵代表大会旧址

陈氏家祠

# 长冈乡调查旧址

　　长冈乡调查旧址位于江西省赣州市兴国县长冈乡长冈村，原为长冈乡列宁小学。旧址坐北朝南，土木结构，二层楼房，分前、后两进，占地面积231平方米。

　　为了总结苏区乡苏维埃工作经验，为即将召开的中华苏维埃第二次全国代表大会做准备，1933年11月中旬，毛泽东率中央政府检查团来到长冈乡进行了为期一周的实地调查。在调查中，毛泽东走村入户，深入田间地头，和老百姓一起下地劳动，在劳动过程中与群众推心置腹谈心，听取群众的意见。他还访问了军属刘长秀、贫农马荣海、女犁田能手李玉英，详细询问油、肉、衣等具体情况，了解群众生活。晚上，在列宁小学里，毛泽东召集乡党支部书记、乡苏维埃政府主席、村代表主任、赤卫队长、贫农团主任等开调查会，对长冈乡的政权建设、行政区划、扩红支前、经济建设以至文教卫生、群众生活等十九项工作进行详细调查。通过短短几天时间，毛泽东掌握了大量的第一手材料，总结出长冈三条工作经验："密切联系群众，充分发动和依靠群众""关心群众生活，把群众生活和革命战争紧密联系起来""把解决革命的工作方法和革命的工作任务问题紧密结合起来"。他认为正是由于长冈乡苏维埃政府的干部把关心群众生活与支援前线的扩红、筹粮筹款工作结合起来，才赢得了广大群众的拥护和支持。12月，毛泽东整理出《长冈乡调查》一文，并在全国第二次苏维埃代表大会上印发给与会代表。

　　1983年，兴国县人民政府将其列为县级文物保护单位。1987年12月，江西省人民政府公布其为江西省文物保护单位。2001年6月，中共中央宣传部公布其为全国爱国主义教育示范基地。2006年5月，国务院公布其为全国重点文物保护单位。

# 长冈乡调查纪念馆

　　长冈乡调查纪念馆位于赣州市兴国县长冈乡长冈村。纪念馆占地面积7000多平方米，坐东朝西，砖木结构，悬山屋顶，四周砌有红石围墙。纪念馆有四个展厅，门厅为毛泽东作长冈乡调查群雕。展厅展览内容有四部分：第一部分为毛泽东调查研究思想与方法；第二部分为毛泽东作长冈乡调查；第三部分为毛泽东总结的长冈乡工作经验；第四部分为长冈乡调查的历史意义。

　　长冈乡调查纪念馆于1977年建成开放，2019年纪念馆重装，从内容和形式等方面进行了布展提升，通过雕塑、模拟场景、情景再现等多种手段，全面、系统地介绍了毛泽东作长冈乡调查背景，以及毛泽东总结的长冈乡工作经验等。

　　1983年8月，兴国县人民政府将其列为兴国县文物保护单位。1987年12月，江西省人民政府公布其为江西省文物保护单位。 2001年6月，中共中央宣传部公布其为全国爱国主义教育示范基地。2006年5月，国务院公布其为全国重点文物保护单位。

## 兴国革命烈士陵园

　　兴国革命烈士陵园位于江西省赣州市兴国县潋江镇红军路宝长山。陵园包括悼念广场、烈士浮雕墙群、烈士英雄长明灯、烈士悼念卧碑、革命烈士纪念馆、英名碑廊、纪念亭等设施。在革命烈士英名碑上镌刻了在中国共产党领导的历次革命战争与和平建设中英勇牺牲的23179名兴国籍烈士的名字。

　　土地革命时期，兴国人民革命热情高涨，他们捐钱、捐粮、积极认购苏维埃临时政府的债券，兴国全县23万人口中，先后参军参战的就达8万余人。几乎家家户户有人当红军，不遗余力地支持红色政权，支持红军建设。

　　1987年3月，江西省人民政府公布其为江西省重点革命烈士纪念建筑物保护单位。1996年4月，国务院公布其为全国重点革命烈士纪念建筑物保护单位。2001年6月，中共中央宣传部公布其为全国爱国主义教育示范基地。

# 兴国革命纪念馆

　　兴国革命纪念馆位于赣州市兴国县潋江镇背街居委会1组52号，是一座具有民族风格的砖木结构建筑。占地面积4333平方米，主体建筑面积360平方米。1963年11月，纪念馆正式建立。1968年改名毛主席创建苏区兴国模范县纪念馆，并正式展出开放。1973年3月，更名兴国革命历史纪念馆。1984年8月，改名兴国县博物馆。1986年5月，定名兴国革命纪念馆至今。

　　纪念馆主要展示毛泽东、朱德、彭德怀、陈毅和李富春、曾山等无产阶级革命家在兴国的革命活动，以及兴国人民在中国共产党领导下"创造了第一等的工作"的光辉业绩。陈列分为四个部分：第一部分是《革命政权的建立》，介绍兴国人民在中国共产党领导下建立和保卫革命政权的战斗历程；第二部分是《深入开展土地斗争》，介绍兴国县1930年两次分田的情况和经验教训；第三部分是《粉碎敌人第三次"围剿"》，展示毛泽东、朱德和彭德怀等指挥红军粉碎国民党第三次"围剿"的革命实践和兴国人民支援红军的英勇事迹；第四部分是《兴国人民创造了第一等工作》，介绍兴国人民在扩大红军、支前参战和经济、文化建设等方面的突出成绩。纪念馆有展品346件，包括革命文物、文照、图表、模型、沙盘和雕塑、油画等，其中有《赣南红军新编第四团布告》、扩大红军的模范奖匾和全省参战工作优胜旗等珍贵文物。

　　2001年6月，中共中央宣传部公布其为全国爱国主义教育示范基地。

# 赣南省苏维埃政府旧址（毛泽东旧居）

赣南省苏维埃政府旧址暨毛泽东旧居位于江西省赣州市于都县贡江镇北门西段1号。原为何姓人的民房，房子前后有小院，共计有房间30余间，占地636平方米。

赣南省苏维埃政府于1934年8月成立，8月驻此办公，主席钟世斌，副主席王孚善，下设内务部、财政部、国民经济部、土地部、粮食部、劳动部、教育部、裁判部等工作部门，主要任务是掩护、支援中央机关和红军主力顺利集结并安全突围。在中央红军集结于都时，开展筹粮扩红、征调伕子、坚壁清野等工作。在短短几个月时间内，筹集粮食18万担，筹款44000多元，扩红14000多名，还筹集了大量的被服、草鞋和果品支援红军。9月初，毛泽东同志来到于都在此居住。10月，红军主力突围长征后，赣南省苏维埃政府与省委、军区（驻于都县载舒屋）领导机关即撤离于都县城，迁往于都南部的黎村、小溪等地山区活动。

1987年，江西省人民政府公布其为江西省文物保护单位。2006年5月，国务院公布其为全国重点文物保护单位。

# 红一军团部旧址

红一军团部旧址位于江西省赣州市于都县段屋乡围上村铜锣湾，原为刘氏宗祠和鸣榜公祠，房子的后面是一座小山，屋前是一片开阔的空地。

1934年10月7日，红一军团接到中央革命军事委员会命令，将防务移交给红五军团之后，从兴国的竹坝、洪门撤离，向于都境内移动，于11日到达段屋、宽田地区。红一军团十五师从石城撤离战场，于12日到达集结地域。军团部驻在铜锣湾，全军团在此休整补充长达6天时间，接收江西补充第二团和于都补充第八团兵员。出发前夕，军团部在铜锣湾的刘氏宗祠召开了排长以上干部会议，进行思想动员和军政训练，部署战略转移的具体事项。10月16日傍晚，红一军团根据中央革命军事委员会的统一部署，从这里出发到达贡江北岸的梓山山峰坝宿营，第二天傍晚渡过于都河，作为整个野战军的左前锋，率先踏上了长征之途。

红一军团在铜锣湾虽然只休整了短短的六天，但他们军纪严明，从不乱扰村民，并且帮助村民挑水劈柴。为了解决村民的饮水，特意在两个宗祠之间挖了一口革命井，这口井至今还保存较完好，井水一直都清澈见底。

2006年5月，国务院公布其为全国重点文物保护单位。

# 红五军团部旧址

红五军团部旧址位于江西省赣州市于都县城西面的罗坳镇步前村黄泥丘，原为陈氏民宅，为悬山顶土木结构，占地面积611.5平方米。

1934年10月19日晨，红五军团从兴国南部来到罗坳集结休整，军团部驻扎在步前村黄泥丘陈姓民房内，并在这里召开了营长以上干部会议。中央代表陈云到会做了目前形势与任务的报告，具体布置了转移的各项具体工作。10月20日晚，红五军团分别从罗坳的鲤鱼和石尾等渡口渡过于都河开始长征。

2006年5月，国务院公布其为全国重点文物保护单位。

## 中央红军长征渡口东门遗址

中央红军长征渡口东门遗址位于江西省赣州市于都县城贡江镇东门渡口，为中央直属机关渡河地址。

1934年10月18日傍晚，毛泽东、周恩来、博古等中央领导人及其由中央机关组成的第一、第二野战纵队就是从这里迈出长征的第一步。

2004年8月，江西省委、省人民政府公布其为江西省爱国主义教育基地。2005年11月，中共中央宣传部公布其为全国爱国主义教育示范基地。2006年5月，国务院公布其为全国重点文物保护单位。

# 中央红军长征第一渡纪念碑

中央红军长征第一渡纪念碑位于江西省赣州市于都县城东门外。

1996年9月，为了纪念红军长征胜利60周年，于都县人民政府建设了中央红军长征第一渡纪念碑，并兴建了纪念碑园。中央红军长征第一渡纪念碑高10.18米，寓意中央机关和毛泽东、周恩来等领导同志于10月18日在此渡河。碑体为双帆造型，寓意中央红军由此扬帆出征，象征中央红军出征脚步坚实有力、一往无前、充满希望之意。碑座左边为陆定一手书《长征歌》第一首："十月里来秋风凉，中央红军远征忙。星夜渡过于都河，古陂新田打胜仗。"右边是叶剑英1962年为缅怀当年赣南省军区政治部主任刘伯坚写的诗："红军抗日事长征，夜渡于都溅溅鸣。梁上伯坚来击筑，荆卿豪气渐离情。"

2005年11月，中共中央宣传部公布其为全国爱国主义教育示范基地。2006年5月，国务院公布其为国家重点保护文物单位。

# 白鹭会议旧址

　　白鹭会议旧址位于江西省赣州市赣县白鹭乡白鹭村。旧址又名福神庙，占地面积约400平方米，南宋末年始建，清道光年间重修，系白鹭村宗教祭祀、文化活动的重要场所。

　　1931年7月，国民党对中央苏区发动第二次"围剿"失败后，又调集30万兵力，向中央苏区发动了第三次"围剿"。红一方面军在取得了兴国莲塘、良村和宁都黄陂战斗胜利后，于8月底9月初转移到赣县田村、白鹭和兴国的茶园、永丰一带隐蔽休整。9月初，"围剿"中央苏区的国民党军队被打得焦头烂额、疲惫沮丧，蒋介石不得不下令总撤退。得知这一情况，毛泽东、朱德在这里主持召开了红一方面军军团长以上干部会议（史称"白鹭会议"），总结了反"围剿"前几次的经验教训，同时部署了第三次反"围剿"斗争，发出了向兴国高兴圩、老营盘之敌进攻的命令。这次会议是第三次反"围剿"斗争的战略决策会议，奠定了第三次反"围剿"胜利的基础。

　　2006年12月，江西省人民政府公布其为江西省文物保护单位。

# 中共会昌中心县委旧址（邓小平旧居）

中共会昌中心县委旧址暨邓小平旧居位于江西省赣州市会昌县城南部56千米处的筠门岭，原为朱氏民房，为清晚期建筑。旧址为砖木结构楼房，前栋一厅二间，后栋一厅二间，中间一个天井。房屋占地面积520平方米，前院空地180平方米，院子围墙正中有一门楼。

1932年6月，为加强对中央革命根据地边区的领导，根据江西省委的指示，在会昌筠门岭倒水湾召开会昌、寻乌、安远三县党的活动分子大会，成立了中共会、寻、安三县中心县委，县委机关设在筠门岭坝笃下朱屋，由会昌县委书记邓小平担任中心县委书记，兼任江西军区第三作战分区政委。邓小平临危受命，努力排除"左"倾错误的干扰，坚持毛泽东的正确主张，带领中心县委一班人，狠抓党组织建设，积极扩大红军，支援革命战争，壮大地方武装，巩固红色政权，加强经济建设，发展农业生产，放开边贸市场，打破敌人封锁，率领三县军民英勇斗争，迅速稳定了南线局势，开创了"风景这边独好"的革命形势，为保卫中央苏区南大门做出了贡献。

1987年12月，江西省人民政府公布其为江西省文物保护单位。2004年8月，江西省委、省人民政府公布其为江西省爱国主义教育基地。

# 寻乌调查旧址

寻乌调查旧址位于江西赣州市寻乌县长宁镇中山路马蹄岗，原为美国牧师住房，始建于1917年。旧址坐北朝南，上下两层，共18间房，建筑面积349平方米。1933年，旧址被国民党军烧毁。1972年按原貌修复，并作为寻乌革命历史纪念馆的一部分对外开放。

1930年5月，红四军攻克寻乌县城，毛泽东利用红军在安远、寻乌、平远分兵发动群众的机会，在中共寻乌县委书记古柏协助下，在寻乌开展了10多天的社会调查。在调查中，毛泽东通过对寻乌的政治区划、地理交通、商业活动、土地关系、土地斗争等深入调查，写下了著名的《寻乌调查》。该调查为中国共产党在土地革命中制定正确的斗争策略，特别是为制定对中小工商业者和富农的政策，提供了可靠的依据。在寻乌作调查期间，毛泽东还写下了《反对本本主义》这篇光辉著作，首次提出了"没有调查，没有发言权"的科学论断，初步形成了毛泽东思想活的灵魂三个基本点，即实事求是、群众路线和独立自主的思想，为指导和推动中国革命不断取得胜利奠定了坚实的思想基础。

1987年12月，江西省人民政府公布其为江西省文物保护单位。2004年8月，江西省委、省人民政府公布其为江西省爱国主义教育示范基地。

# 罗塘谈判旧址

　　罗塘谈判旧址位于江西省赣州市寻乌县罗珊乡原乡政府大院内，始建于1914年，原为天主教牧师住房。旧址坐北朝南，房屋是由河石、三合土夯筑成石灰墙体的两层瓦面小洋楼，一厅四间，面宽14.6米，进深11.5米，高8米。

　　1934年10月上旬，中央红军在第五次反"围剿"失利后准备长征前夕，根据朱德、周恩来指示，中央派何长工、潘汉年从会昌到罗塘与广东军阀陈济棠部代表杨幼敏等进行秘密谈判，取得了成功，并达成5项协议。罗塘谈判的成功，为中央机关和中央红军实行战略突围转移，顺利突破国民党军的第二、第三道封锁线创造了有利条件，在我党我军发展史上具有重大历史意义。

　　2006年12月，江西省人民政府公布其为江西省文物保护单位。

# 江西省苏维埃政府旧址

　　江西省苏维埃政府旧址位于江西省吉安市青原区富田镇王家村诚敬堂，又名王氏宗祠。始建于明朝中期，砖木结构，占地面积3646平方米。

　　1929年2月，毛泽东率领的红四军指挥部就驻扎在这个祠堂，随即江西省行动委员会也移驻到祠堂内。1930年1月24日，毛泽东再次来到富田，在此召开军事会议，部署攻打唐云山的战斗。2月，又在祠堂左侧的南禅寺召开了赣西南特委联席会。1930年10月7日，在吉安城中心广场召开的10万人庆祝吉安暴动胜利的大会上，宣告江西省苏维埃政府成立，曾山任主席。

　　2006年12月，江西省人民政府公布其为江西省文物保护单位，2009年5月，中共中央宣传部公布其为全国爱国主义教育示范基地。2013年，国务院公布其为全国重点文物保护单位。

# 六、闽浙皖赣革命根据地旧址群

## 黄道烈士故居（中共横峰支部旧址）

　　黄道烈士故居暨中共横峰支部旧址位于江西省上饶市横峰县姚家乡姚家村，占地约600平方米，原建筑被烧毁，新中国成立后按原样修复。

　　黄道，1900年出生在横峰姚家，1918年考入南昌二中，创建进步团体"鄱阳湖社"，创办进步期刊《新江西》（后改名为《江西改造社》）。1923年秋，黄道考入北京师范大学，结识李大钊等人。同年，加入中国社会主义青年团。1924年，加入中国共产党，是北京市学生联合会的主要领导人之一，并任中共北师大支部书记。同年暑假，黄道回横峰建立进步团体"岑阳学会"，创办《岑阳月刊》。1926年3月18日，黄道与北师大学生会主席邵式平等率北师大学生赴段祺瑞执政府门前游行请愿，被通缉，离京返赣，在横峰领导革命运动。10月下旬在姚家垅创建了横峰县第一个党支部——中共横峰支部。1939年3月，任中共江西省委书记。同年5月23日，在铅山河口镇被国民党特务杀害。

　　2009年2月，江西省委、省人民政府公布其为江西省爱国主义教育基地。

黄道烈士故居

# 赣东北苏维埃政府旧址

　　赣东北苏维埃政府旧址位于江西省上饶市万年县裴梅镇富林村。建于民国初年，是一栋典型的民房建筑风格砖木结构的平房，有六拼五间，前后两进，两厅一天井，共14间房，建筑面积约600平方米。

　　1930年8月，方志敏、邵式平率领赣东北根据地党、政、军机关所属18个单位，由弋阳迁至此处。1930年9月9日至15日，赣东北特委在这里召开扩大会议（史称"富林会议"）。参会人员有方志敏、邵式平、唐在刚、周建屏、胡庭铨等。由于方志敏等人在会上抵制李立三"左"倾错误，使苏区的苏维埃政策、土改政策、政府工作均未改变，赣东北苏区在巩固中得到了扩大，财政收入也显著增加，为粉碎国民党的第一、第二次"围剿"提供了财政保障。

　　1987年12月，江西省人民政府公布其为江西省文物保护单位。2009年2月，江西省委、省人民政府公布其为江西省爱国主义教育基地。

# 红十军军部旧址

红十军军部旧址位于江西省景德镇市乐平市众埠镇界首村。旧址原为马氏祠堂，为清代赣派建筑风格，建筑面积近490平方米。

中国工农红军第十军是由方志敏、邵式平、周建屏等创建的闽浙赣革命根据地的主力红军。1930年7月22日在界首村举行建军典礼，军部设在界首祠堂，主席台设在祠堂外右侧的古戏台上，方志敏主持并讲话，全军将士在台下广场参加严肃的盛典。红十军建军后，血战东南，屡建奇功，声威远播。后来在方志敏领导下，高举北上抗日大旗，进军皖南，历经艰险，英勇作战，为巩固和发展闽浙皖赣革命根据地，配合中央苏区五次反"围剿"斗争建立了不朽的功勋，做出了杰出的贡献。

2001年6月，中共中央宣传部公布其为全国爱国主义教育示范基地。

157

# 红十军团军政委员会旧址

    红十军团军政委员会旧址位于江西省德兴市绕二镇重溪村，又名张家大屋，建于清代。为一幢二进三间二偏房四天井的砖木结构禾桶式两层楼房，坐北朝南，占地面积525平方米。

    1929年9月，中共德兴县委、县苏维埃政府机关从德兴蒋家坊迁驻于此。1934年11月初，中央红军北上抗日先遣队红七军团到达德兴重溪，与方志敏领导的红十军会师。随后，遵照中革军委的指示，合并组成红十军团，红七军团改编为十九师，红十军改编为二十师。1934年11月18日，根据中革军委电令，成立红十军团军政委员会，主席为方志敏，粟裕为军团参谋长，刘英为军团政治部主任，军政委员会驻扎在此办公。

    2001年7月，江西省人民政府公布其为江西省文物保护单位。

# 闽浙赣省苏维埃政府旧址

闽浙赣省苏维埃政府旧址位于江西省上饶市横峰县葛源镇枫林村民房，其中正房一幢，偏房二幢，占地880平方米。

1927年12月底，方志敏、黄道等在弋阳、横峰两地发动了著名的"弋横起义"，随后成立区苏维埃政府，颁布了《土地分配法》和《平债法》。1931年11月，赣东北特区苏维埃政府改建为赣东北省苏维埃政府，方志敏任主席。1932年12月11日，经中华苏维埃共和国临时中央政府批准，赣东北省苏维埃政府改为闽浙赣省苏维埃政府，机关驻地由葛源村迁至现今的枫林村。苏维埃政府组织系统发展到闽浙皖赣四省边区五十多县的广大地区。省苏维埃政府还设立了劳动部、财政部、文化部、裁判部等10个部门。其间，颁布了《赣东北特区苏维埃暂行刑律》《赣东北省苏维埃政府优待红军条例》和各项决议案。

1996年11月，国务院公布其为全国重点文物保护单位。2009年5月，中共中央宣传部公布其为全国爱国主义教育示范基地。

# 闽浙赣省军区总指挥部旧址

　　闽浙赣省军区总指挥部旧址位于江西省上饶市横峰县葛源镇枫林村。1999年8月按原样修复，占地500平方米。前有院子和朝门，房屋分前后两幢，中间有一个天井，有房12间。

　　1932年11月，中共闽浙赣省委成立。根据武装斗争的需要以及执行中央革命军事委员会命令，赣东北省革命军事委员会改为闽浙赣省军区总指挥部，习惯上称省军区司令部，为省苏维埃政府所属直接领导军事斗争的机构。唐在刚、方志敏先后任总指挥（司令员），曾洪易、聂洪钧、关英相继任政委，倪宝树、邹琦先后任参谋长，邵式平、叶荣、涂振农先后任政治部主任。

　　1996年11月，国务院公布其为全国重点文物保护单位。2009年5月，中共中央宣传部公布其为全国爱国主义教育示范基地。

## 闽浙赣省红军操场旧址

    闽浙赣省红军操场旧址位于江西省上饶市横峰县葛源镇枫林村。红军操场又名红色广场，是军民群众集会的地方。苏区的纪念会、祝捷会、体育运动会、文艺演出都在这里进行。1934年10月，方志敏在这里召开誓师大会，并与乡亲们告别，挥师北上抗日。

　　1985年4月，横峰县人民政府公布其为横峰县文物保护单位。1996年11月，国务院公布其为全国重点文物保护单位。2009年5月，中共中央宣传部公布其为全国爱国主义教育示范基地。

# 篁坞方志敏旧居

篁坞方志敏旧居位于江西省景德镇市乐平市十里岗乡篁坞村。旧居原建筑被国民党军烧毁，现房屋为1956年8月重建，砖木结构，占地面积260平方米。

1927年9月下旬，方志敏在弋阳漆工镇组建军事化农民武装"农民革命团"，策划和指挥弋阳九区秋收暴动。但暴动很快遭到了国民党军的围剿，方志敏在战斗中受伤大吐血，暴动队伍也被打散。10月21日，在战友等护送下，方志敏被秘密转移到乐平篁坞村汪其芬家，并在此安全居住了40余天。在调养身体的同时，方志敏仍然积极开展革命活动，发展党员，恢复党的组织，还秘密筹建了一支工农革命武装队伍。

2001年6月，中共中央宣传部公布其为全国爱国主义教育示范基地。

# 龙头山革命烈士纪念馆

龙头山革命烈士纪念馆位于江西省上饶市德兴市龙头山乡暖水村。纪念馆为砖木结构，馆房面积260平方米，馆外有2700多平方米的花园，栽有翠柏与花卉，绿树成荫。

1954年，为了纪念方志敏烈士及其他在土地革命战争时期牺牲的先烈，德兴县人民政府在此修建纪念馆。馆内格局为一厅四室。序厅中央立有"人民英雄永垂不朽"纪念碑。正堂中间设有《德兴市县土地革命示意图》，左边陈列全县革命烈士花名册三卷，右边陈列德兴市大革命时期及解放战争时期的革命形势图。第一室展览主题为"革命的火种"；第二室展览主题为"峥嵘岁月"；第三室展览主题为"亲密战友"；第四室展览主题为"永远的怀念"。展览馆展示了革命烈士方志敏、周建屏、黄道等同志的遗像和简历，赤卫军、游击队使用过的各式武器以及苏区出版、发行的报纸和纸币、公债券、土地证，入社证、会员证等革命文物。

1990年8月，德兴县人民政府将其列为县级文物保护单位。2001年6月，中共中央宣传部公布其为全国爱国主义教育示范基地。

# 方志敏纪念馆

方志敏纪念馆位于江西省弋阳县城北面峨眉嘴山顶。

1977年9月，为纪念江西地方党团组织创始人之一、闽浙皖赣革命根据地和红十军团的主要缔造者方志敏，以及全县9288名革命先烈，经江西省人民政府批准，弋阳县委、县革命委员会动工兴建方志敏纪念馆，于1978年9月落成并对外开放。纪念馆占地面积1.1万平方米，建筑面积2162平方米。有四个陈列室和一个展厅，分别陈列介绍方志敏烈士参加江西地方党团组织创建、领导江西农民运动创建闽浙赣根据地和红十军团，以及狱中斗争的事迹。

1987年3月，江西省人民政府公布其为江西省重点烈士纪念建筑保护单位。2001年6月，中共中央宣传部公布其为全国爱国主义教育示范基地。

方志敏纪念馆

# 七、湘鄂赣革命根据地旧址群

## 星子暴动遗址

　　星子暴动遗址位于江西省九江市星子县
安康镇紫阳南路。

　　1927年9月中旬，中共江西省委和九江
市委领导在这里部署星子暴动。10月3日，暴
动队伍攻占星子县城，震动了赣北乃至全省，
打击了反动势力的气焰。

　　2007年7月，江西省人民政府公布其为江
西省文物保护单位。

# 幽居会议旧址

  幽居会议旧址位于江西省宜春市铜鼓县棋坪镇幽居村，旧址又名西坪山寺，为晚清建筑。坐东朝西，土木结构，占地面积760平方米。

  1928年7月22日，彭德怀、滕代远率红五军进驻幽居，利用幽居有利的群众条件、相对安全的环境，于9月17日在幽居王家祠召开了随军行动的平江、浏阳、修水、铜鼓四县县委负责人和红五军党的负责人联席会议。会议根据湖南省委多次关于建立特委的指示精神，成立了中共湘鄂赣边特委。选举产生了滕代远、彭德怀、王首道、李宗白、邱训民五人为常委的边特常务委员会。滕代远任特委书记，李宗白负责组织，彭德怀负责军事。会议总结了平江起义的经验教训，分析和批评了各县过去工作中的盲动错误，制定了特委的工作方针，布置了新的任务，讨论了边区党组织和革命武装力量的建立发展等重大问题。幽居会议对湘鄂赣边境红色割据局面的形成起了决定作用，促进了湘鄂赣革命根据地的发展。

# 中共湘鄂赣边境特委旧址

中共湘鄂赣边境特委旧址位于江西省宜春市万载县仙源乡官元山城坑，又名蓝家老屋。旧址坐南朝北，四面环山，民国民居，土木结构，青瓦覆盖，前檐大门框上边的墙上书有"列宁室"字样，面积为234平方米。

1929年春，中共湘鄂边境特别委员会迁驻万载仙源阳柘坑，机关设财务、交通、文书、印刷四科，均在这间小屋里办公。当时，特委为加强万载地区的斗争，派员深入船埠潭、高岭、株木桥等地宣传动员群众，秘密发展工会、农会和党的组织，建立工农武装，开展革命活动。

1929年8月，彭德怀、滕代远率领红五军主力返回湘鄂赣边区。9月2日，特委在城坑召开了扩大会议。会议根据新的形势，选举了中共湘鄂赣边境特委第二届执行委员10人，候补执委3人，王首道任特委书记。12月上旬，又召开了第二届特委第二次会议。会议分析了当时的形势，决定了边区党的任务及工作方针计划。12月10日，会议通过了《C.C.P.湘鄂赣边特委第二次全体执委会决议》，并决定由黄公略任红五军军委书记。不久，为便于指导平（江）、修（水）工作，特委机关迁驻平江。

1983年10月，万载县人民政府将其列为县文物保护单位。

# 中共湘鄂赣省委、
# 湘鄂赣省苏维埃政府旧址

中共湘鄂赣省委、湘鄂赣省苏维埃政府旧址位于江西省九江市修水县上衫乡上衫村。旧址又名宫选大屋，坐北朝南，砖木结构，现有一正堂二横堂，建筑面积900平方米。

1928年10月29日，湘鄂赣边的平、浏、修、铜、武等县党的负责人和红五军党委联席会议在修水台庄召开，正式恢复中共湘鄂赣边特委，整编红五军。1929年3月召开的第二次台庄会议，成立了湘鄂赣边境暴动委员会。修水东港台庄、靖林和上衫书堂一带，成为湘鄂赣苏区早期革命活动中心之一。1931年3月31日，中共苏区中央局巡视员滕代远在修水上衫主持召开中共湘委办事处、湘鄂赣边境特委、鄂东特委、鄂南特委和赣北特委等负责人会议（史称上衫会议），建立中共湘鄂赣特区委，统一领导湘鄂赣苏区工作。1931年7月，中共湘鄂赣省第一次党代会在湖南省浏阳市东门乡楚东山召开，选举成立中共湘鄂赣省委。1931年9月23日，湘鄂赣省第一次工农兵代表大会在湖南省平江县长寿街天主教堂召开，并于10月4日选举成立湘鄂赣省第一届苏维埃政府，中共湘鄂赣省委迁驻修水县上衫乡宫选大屋。1932年4月中旬，根据中共中央"将几个苏区联系成整个一片的苏区"指示精神，中共湘鄂赣临时省委、湘鄂赣省苏维埃政府和湘鄂赣省军区及其直属机关，陆续迁往临近湘赣苏区的江西省万载县小源（今仙源乡）。

1986年5月，修水县人民政府将其列为县文物保护单位。2006年12月，江西省人民政府公布其为江西省文物保护单位。

# 中共湘鄂赣省委旧址

中共湘鄂赣省委旧址位于江西省宜春市万载县仙源乡月山下村，又名王家屋，原为清末民居。旧址坐西朝东，砖木结构，房屋呈"凹"字形布局，共有5厅10房，建筑面积877平方米。中厅墙壁上保留有当时书写的"办公厅"3个黑色繁体美术字。内设省委办公厅、省委书记办公室兼卧室、宣传部、组织部、妇女部和少共省委办公室、技术科办公室、列宁室、接待室。

1932年4月，省委从修水上衫迁驻此地之后，这里成为湘鄂赣革命根据地政治、经济、军事、文化的中心。1932年9月，全省第二次党员代表大会在小源水口召开，会议传达了中央指示精神，确定了全省党的总任务，通过了《大会宣言》《政治决议案》等11个文件，选举了由林瑞笙任书记的第二届省委执委。此后，在省委的领导下，苏区各项事业迅猛发展。至1932年下半年，湘鄂赣省委管辖湘鄂赣边境地区近30个县委、中心县委，党员达5万多人，主力红军至1933年春发展到25000多人。

1959年11月，江西省人民委员会公布其为江西省文物保护单位。2006年6月，国务院公布其为全国重点文物保护单位。

# 湘鄂赣省苏维埃政府旧址

　　湘鄂赣省苏维埃政府旧址位于江西省宜春市万载县仙源乡月山下村桥头。旧址又名王家大屋，坐东朝西，砖木结构，民居建筑，风火墙，由南北两栋并列连通。前后两进，共4厅20间房，总建筑面积1023平方米。

　　1932年4月12日，湘鄂赣省苏维埃政府与湘鄂赣省委一同由修水上衫迁驻万载小源。省苏驻扎小源后，于1932年5月4日在这里召开第一次执委会，会议讨论和分析了当前形势，通过了工作计划。随后，省苏发布了一系列通令、法令，对裁判、教育、土地、卫生、粮食、税收等工作问题作出指示和规定。8月，全省第二次工农兵代表大会在小源桥家山韩家祠召开，会议通过了土地问题、红军问题等11个决议案。1933年10月18日，省苏在小源阳圭洞又召开了全省第三次工农兵代表大会，会议总结了一年来的工作，通过了苏维埃建设、红军建设、经济建设、财政计划、肃反工作等决议案，选举出第三届省苏执委。

　　1959年11月，江西省人民委员会公布其为江西省文物保护单位。2006年6月，国务院公布其为全国重点文物保护单位。

# 湘鄂赣省军区旧址

湘鄂赣省军区旧址位于江西省宜春市万载县仙源乡仙源村，又名罗家老屋，为民国民居。坐西朝东，一厅两房，土木结构，青瓦房，占地面积239平方米。

1932年4月，为了统一领导全省红军和地方武装，湘鄂赣省军区在万载小源成立。省军区设司令部、政治部、总务部。总指挥为孔荷宠，政委为林瑞笙，政治部主任为刘学昊，参谋长为严图阁。同年秋，为了增强全省主力红军的力量，红军独立第三师编入红十六军，红军独立第一师、第二师合编为红十八军，地方武装按其任务的不同分为边区游击队和挺进游击队。至1933年春，全省主力红军发展到2.5万余人，并取得了港口战役、株木桥战役胜利，粉碎了国民党对湘鄂赣苏区的"围剿"，为湘鄂赣革命根据地的存在和发展发挥了重要作用。此外，军区还组建了中央军事政治学校第五分校，培养了近千名军政干部。

1983年10月，万载县人民政府将其列为县文物保护单位。2006年6月，国务院公布其为全国重点文物保护单位。

# 中央军事政治学校第五分校旧址

　　中央军事政治学校第五分校旧址位于江西省宜春市万载县仙源乡新市村，原是新市村袁家祠堂。坐北朝南，土木结构，分上下两进。进间有一口约9.5平方米的天井，有房屋4间。上进中墙上保存有当时书写的红五分校"校歌"，旧址占地面积近1600平方米。

　　1932年，湘鄂赣省委第三次执委扩大会议召开后，以原省苏维埃领导的军事学校为基础，建立了中央军事政治学校第五分校。1932年4月12日，随湘鄂赣省委一道迁至小源，驻扎在新市村袁家祠。学校由校长、政委、教育长负责。下设军事教育处、政治处和管理处，学员按编制分政治、炮兵和步兵3个大队，下分区队（班）。先后举办过3期训练班，每期为6个月，共培养军政干部近千名。学校加强了湘鄂赣省红军和各县警卫团、游击队的领导力量，为革命战争取得胜利发挥了重要作用。

　　2006年6月，国务院公布其为全国重点文物保护单位。

# 湘鄂赣革命纪念馆

　　湘鄂赣革命纪念馆位于江西省宜春市万载县城阳乐大道322号，是一座四合院式仿古建筑。砖瓦结构，坐东朝西，占地面积近1500平方米。馆内陈列展厅占地面积580平方米。

　　湘鄂赣革命纪念馆是一家宣传展示第二次国内革命战争时期湘鄂赣革命根据地创建、巩固与发展历史的专题馆，筹建于1960年，馆址原设于仙源乡月山下中共湘鄂赣省委旧址内。1985年10月，新建的湘鄂赣革命纪念馆在万载县城落成并重新开馆。馆内建有陈列展厅、办公楼、文物库房等设施。新馆全面系统介绍了湘鄂赣革命根据地的斗争历史。首为序厅，后分三部分：湘鄂赣革命根据地的创建、湘鄂赣革命根据地的巩固和发展、坚持艰苦的三年游击战争。设"湘鄂赣革命斗争史陈列"和"万载籍部分老红军将士革命业绩陈列"两大基本陈列室，共展出实物200多件。其中"湘鄂赣革命斗争史陈列"在2014年改陈后被评为全省博物馆陈列展览"十大精品"陈列。

　　2001年，江西省委、省人民政府公布其为江西省爱国主义教育基地。

# 八、湘赣革命根据地旧址群

## 中共湘赣省委旧址

中共湘赣省委旧址位于江西省吉安市永新县禾川镇盛家坪的萧氏宗祠，建于1914年，砖木结构，楼上楼下共22个房间，占地面积800平方米。屡遭敌人毁坏，新中国成立后，按原貌修复。

1931年5月，湘赣边界军民配合中央苏区开展第二次反"围剿"，取得胜利后，湘东南和赣西的广大地区连成一片。为了统一和加强对这片红色区域的领导，8月1日，中央和苏区中央局指派王首道等同志来到永新，在永新组建了中共湘赣临时省委。当年10月上旬，召开了中共湘赣省第一次代表大会，正式成立了中共湘赣省委。省委机关驻在此地办公，当时省委主要领导有王首道、林瑞笙、甘泗淇、张启龙。胡耀邦时任省委儿童局书记。湘赣省委成立后，领导湘赣军民进行土地革命、武装斗争和根据地建设，积极开展革命竞赛活动，配合中央苏区粉碎了敌人的第三次"围剿"。

1959年11月，江西省人民委员会公布其为江西省文物保护单位。1996年12月，国务院公布其为全国重点文物保护单位。2001年11月，江西省委、省人民政府公布其为江西省爱国主义教育基地。

# 湘赣省军区总指挥部旧址

　　中国工农红军湘赣省军区总指挥部旧址坐落于江西省吉安市永新县城东北部禾川中学（现为任弼时中学）内。砖木结构，建筑面积251.37平方米。

　　1928年6月23日龙源口大捷后，红军第三次占领永新县城。6月26日，毛泽东在此召开了红四军连以上干部会议。会议着重研究部署了分兵发动群众、深入开展土地革命等问题。1933年1月底，根据中央革命军事委员会的指示，中共湘赣省委召开了湘赣独立一、三师誓师大会。大会上，王震宣布中央军委命令，成立湘赣省军区，由张启龙为军区总指挥，李天柱为副总指挥，总指挥部驻此办公。1933年6月，中央派任弼时到湘赣根据地担任中共湘赣省委书记兼省军区政委。为了贯彻中央的方针政策，1933年11月21日，任弼时在这里主持召开了中共湘赣省第三次党代会。

　　1959年11月，江西省人民委员会公布其为江西省文物保护单位。1996年12月，国务院公布其为全国重点文物保护单位。

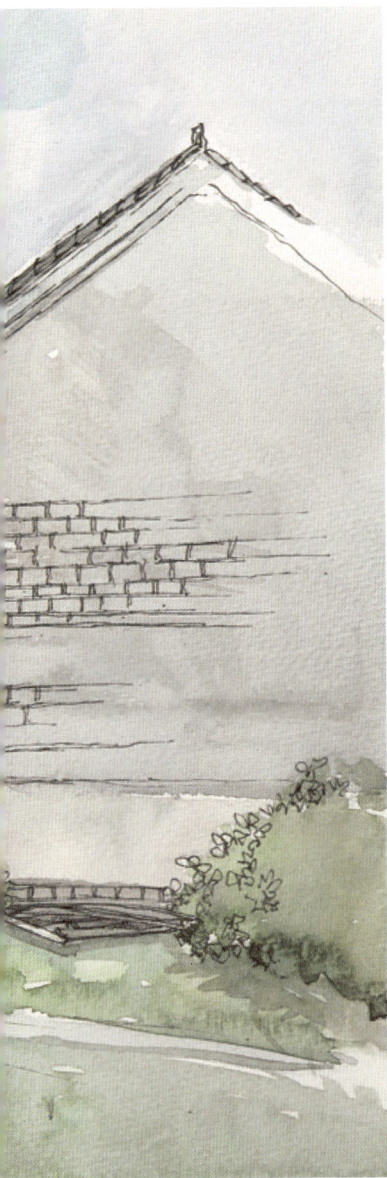

# 中共湘东南特委旧址
## （中共湘赣省第一次代表大会旧址）

  中共湘东南特委旧址暨中共湘赣省第一次代表大会旧址位于江西省萍乡市莲花县琴亭镇花塘村。

  1931年10月，中共湘赣省第一次代表大会和湘赣省第一次工农兵代表大会在莲花县花塘村召开，正式成立了中共湘赣省委和省苏维埃政府。王首道、任弼时先后任省委书记，袁德生、谭余保先后任省苏维埃政府主席。省委、省苏及省直机关均驻永新县城。至此，以永新为中心的湘赣革命根据地正式形成，它包括赣江以西、袁水以南、粤汉铁路以东、大余以北的广大地区，共20余县，人口100余万。

# 湘赣省军区兵工厂鄱阳旧址

　　湘赣省军区兵工厂鄱阳旧址位于江西省吉安市永新县高溪乡鄱阳村。原为萧氏宗祠，亦称树德堂，始建于明代，占地面积1000多平方米，祠内天井有4棵铁树。

　　1931年冬，为适应战争需要，根据湘赣省军区决定，将永新鄱阳兵工厂、莲花修械所及红军独立师修械所合并，成立湘赣省军区兵工厂。厂长龚杰，政委刘德，厂址设在此地。兵工厂负责修理和制造步枪、驳壳枪、手枪、子弹、手榴弹、小型迫击炮及炮弹等武器弹药。下设财务总务科、修械科、炸弹科、翻砂铸造科、红炉锻工科以及木炭股等机构。初时有工人50余人，后逐渐扩大到300多人。由于敌人的"围剿"，兵工厂先后迁至石桥等地。

# 湘赣省造币厂黄岗旧址

　　湘赣省造币厂黄岗旧址位于江西省吉安市永新县龙门镇黄岗老炉下村。旧址系清代建筑，坐东朝西，两层楼房，大小8间，占地面积132平方米。

　　1931年10月，湘赣省苏维埃政府成立时，经费非常紧张，政府办公费用及红军给养十分困难。为了解决这个问题，1932年上半年，省苏维埃政府在此创办造币厂，对外称湘赣省弹药厂，李明初、陈玉林、萧石吉、袁汉新先后任厂长，有工人40余人。下设模型、锻工、翻砂、凿坯、打坯、碓花6部。原料来源于打土豪没收来的银器或湘赣省工农银行与苏区群众兑换票币的银器。次年底，造币厂就有造4万现洋的能力，有效地解决了到白区购买必需物质缺少现金的困难。1934年后，造币厂迁石桥等地。

# 湘赣革命纪念馆

　　湘赣革命纪念馆位于江西省吉安市永新县禾川镇民主街盛家坪14号。纪念馆占地面积8700平方米，其中建筑面积2100平方米，馆藏文物十分丰富。馆区中央有主体建筑萧家祠，这是一栋具有民族特色和地方风格的三进古祠，为1931年至1932年中共湘赣省委机关所在地。

　　纪念馆筹建于1959年10月1日。1991年，在纪念湘赣革命根据地创建60周年之际，陈列馆进行了全面改陈。陈列内容分四室三部

分：第一室展出第一部分，展览内容为湘赣革命根据地的建立，介绍湘赣革命根据地形成的基础和历史条件；第二、第三室展出第二部分，展览内容为湘赣革命根据地的建设和反"围剿"斗争，重点介绍根据地的土地革命、文化经济建设、红六军团的组建和反"围剿"斗争，是陈列的主要部分；第四室展出第三部分，展览内容为艰苦卓绝的三年游击战争，介绍红军主力突围西征以后的边界形势和坚持三年游击战争的情况。

2001年11月，江西省委、省人民政府公布其为江西省爱国主义教育基地。

# 九、东固革命根据地旧址群

## 二七会议旧址

二七会议旧址位于江西省吉安市青原区文陂乡渼陂村。旧址为明清古建筑，坐西向东，分前后两栋，砖木结构，建筑面积150平方米。

1930年2月6日至9日，红四军前委，红五、红六军军委和赣西、赣南特委在此召开联席会议。毛泽东在会上作了《目前政治形势及党的任务》的报告。会议讨论了有关政治、土地、红军、党的组织、苏维埃等重要问题，确定党的任务是深入土地革命、建立革命政权和发展工农武装。会议还将红四军前委改为总前委，作为红四、红五、红六军及赣西南、闽西、东江、湘赣边区等红色区域的领导机关，毛泽东任总前委书记。二七会议后，根据这次会议的决定，赣西特委、赣南特委合并为赣西南特委，刘士奇为书记，并建立了赣西南苏维埃政府。

1987年12月，江西省人民政府公布其为江西省文物保护单位。2009年5月，中共中央宣传部公布其为全国爱国主义教育示范基地。2013年，国务院公布其为全国重点文物保护单位。

# 螺坑会议旧址

　　螺坑会议旧址位于江西省吉安市青原区东固畲族乡西南部，原名云汉堂，建筑面积150平方米。

　　1929年2月17日，毛泽东、朱德率领流动作战近一个月的红四军抵达东固，与江西红军独立第二、第四团会合，并安排红四军在这里休整了一个星期。其间，毛泽东在此主持召开了两次重要会议。一是红二、红四团和东固地方干部会议，吉安、兴国、泰和、宁都等地的负责人也参加了会议。会议传达了中共六大决议案的主要精神，并结合本地情况讨论了形势、任务和斗争策略，统一了认识。毛泽东听取了东固地方党组织和军队负责人的汇报，对根据地分配土地的方针政策和苏维埃政权的组织形式等问题，提出了许多指导性的意见。二是中共红四军前委会议。鉴于敌军李文彬部正向东固渐渐逼近，敌金汉鼎部也对东固采取进击之势，会议研究决定，把原定的固定区域的公开割据政策，改为变动不居的打圈子的游击政策，以对付敌人的跟踪追击。

　　2002年9月，吉安市人民政府将其列为市文物保护单位。2006年12月，江西省人民政府公布其为江西省文物保护单位。2009年5月，中共中央宣传部公布其为全国爱国主义教育示范基地。

# 红四军军部旧址

红四军军部旧址位于江西省吉安市青原区文陂乡渼陂村，原为渼陂梁氏总祠，亦称永慕堂。坐北朝南，三堂二垾吞口式砖木结构，宽18.2米，进深63.8米，通高10.8米，建筑面积1221.4平方米。1930年红四军在东固革命根据地活动期间，总部设在这里。

1930年2月中旬，红四军由永丰藤田经水南向吉安推进，准备先占吉水，后取吉安。蒋介石得知红军逼近吉安，急忙命令成光耀旅死守吉安，金汉鼎部伺机占领宁都，湘军朱耀华旅开至乐安。戴岳旅在南丰、乐安之间集结。同时，急调湖北的唐云山部独立第十五旅匆匆赶到江西，在2月20日到达吉水县城至乌江镇一线。鉴于敌情的变化，毛泽东、朱德决定放弃原计划，改为诱敌深入、相机歼敌，将全军撤至富田，并将军部设于陂头。2月24日至26日，红四军在红六军第二纵队的配合下，在水南一带给贸然单独进犯苏区而兵力分散的唐云山旅以歼灭性打击，击伤旅长唐云山，抓住其3个团长，取得俘敌1600余人，缴枪2000余支、子弹60余担的胜利。

2006年12月，江西省人民政府公布其为江西省文物保护单位。2009年5月，中共中央宣传部公布其为全国爱国主义教育示范基地。2013年，国务院公布其为全国重点文物保护单位。

# 山坑红军医院旧址

　　山坑红军医院旧址位于江西省吉安市青原区东固畲族乡三彩村。旧址为土木结构，上下两层，占地250平方米。

　　1928年10月，红二团刚成立时便在东固三彩村创办了医院，当时有十来张病床，医护人员10余名，主要是用中草药治疗伤员。1931年10月，该医院并入中央红军总医院。

207

# 东固平民银行旧址

东固平民银行旧址位于江西省吉安市青原区东固畲族乡圩镇。旧址坐东南朝西北，砖木结构，二层楼房，占地面积189.51平方米。

1928年，为了打破敌人的经济封锁，活跃根据地的经济，沟通与白区的贸易，中共东固区委决定成立"东固平民银行"。当年8月，东固党组织筹集基金3000银圆，开办"东固平民银行"，到1929年又扩大基金，发行纸币20000元，对粉碎国民党反动派的经济封锁起了很大的作用。当时，苏区群众大力支持平民银行的开办，纷纷筹集资金，有的妇女还拿出结婚时陪嫁的银手镯、银项链、银耳环、银戒指等送往平民银行。东固平民银行印制了中国工农政权的第一张纸币，纸币分一元、五角、一百文、二百文四种，流通于东固根据地以及邻县地区。1930年10月，毛泽东、朱德、陈毅亲临视察。1931年东固平民银行发展为"江西工农银行"，后又与闽西银行合并为"中华苏维埃共和国国家银行"。

1987年12月，江西省人民政府公布其为江西省文物保护单位。2009年5月，中共中央宣传部公布其为全国爱国主义教育示范基地。

# 东固消费合作社旧址

东固消费合作社旧址位于江西省吉安市青原区东固畲族乡圩镇，为砖木结构，二层楼房，建筑面积235平方米。

为了打破敌人的经济封锁，缓解日常用品供应紧张，方便山区人民的生活，1928年底，东固区委决定成立东固消费合作社。1929年冬由东固区苏维埃政府拨款6000银洋和群众集资建立了东固消费合作总社，总社下设东固、南龙两个分社。总社设在东固，开办时只有工作人员3人，后来发展到8人，总社社长（亦称经理）起初是欧阳坚泉，1931年时为郑传辉。东固、南龙两分社均受总社领导。为保障苏区供给，采购人员常冒着生命危险到吉安、新圩、陂头、值夏、兴国等地采购布、食盐等紧缺物资。总社还兴办了东固锅炉厂、六渡铁厂及油墨蜡纸厂。1934年10月，红军主力北上后，总社及分社被迫停办。

2006年12月，江西省人民政府公布其为江西省文物保护单位。2009年5月，中共中央宣传部公布其为全国爱国主义教育示范基地。

## 黄公略牺牲地旧址

　　黄公略牺牲地旧址位于江西省吉安市青原区东固畲族乡六渡村，原为谢氏宗祠，建筑面积160平方米。

　　1931年9月15日，黄公略指挥红三军取得第三次反"围剿"方石岭战

斗胜利后，率部向瑞金转移。部队到达东固六渡坳时突遭敌机空袭，为掩护部队隐蔽，在组织机枪对空射击以吸引敌机时，黄公略不幸中弹，随即抬至六渡村谢氏宗祠抢救，终因流血过多，于当晚壮烈牺牲，时年33岁。临终前，他留给战友们的遗言是："要巩固和扩大红军，以争取中国的独立和解放。"

2006年12月，江西省人民政府公布其为江西省文物保护单位。2009年5月，中共中央宣传部公布其为全国爱国主义教育示范基地。

214

# 红一方面军无线电训练班旧址

红一方面军无线电训练班旧址位于江西省青原区东固畲族乡敖上村，旧址为土木结构民居，上下两层，建筑面积380平方米。

1931年4月下旬至5月上旬，红一方面军无线电训练班从宁都小布迁驻敖上，利用缴获的电台，开展无线电通信兵训练。5月15日，教员王诤捕捉到敌情，为毛泽东决策打好第二次反"围剿"第一仗起到关键作用。在这里造就了中国工农红军第一批无线电通信兵。

2006年12月，江西省人民政府公布其为江西省文物保护单位。2009年5月，中共中央宣传部公布其为全国爱国主义教育示范基地。

# 东固革命烈士纪念碑

东固革命烈士纪念碑位于江西省吉安市青原区东固畲族乡东固村。纪念碑占地面积2300平方米，呈八角形，分五层，上小下大，平顶，在顶层四面还有四个五角星。塔身上有毛泽东亲笔题词"无上光荣"四个镏金大字，右边书写"英勇牺牲的烈士们千古"。

2009年5月，中共中央宣传部公布其为全国爱国主义教育示范基地。2013年6月，江西省人民政府公布其为省级重点革命烈士纪念设施保护单位。

## 东固革命根据地博物馆

东固革命根据地博物馆位于江西省吉安市青原区东固畲族乡东固街。博物馆占地面积3850平方米，建筑面积1600平方米。全馆陈列分"东固革命根据地的创建和形成""东固革命根据地的巩固""东固革命根据地的发展和融入""彪炳千秋"四个部分。馆内陈列国家级重要革命文件和文物200余件。

东固革命根据地是第二次国内革命战争初期，中国共产党在江西境内创建最早的革命根据地之一，位于吉安、吉水、泰和、永丰、兴国五县交界地区。它从1927年9月到1929年11月，历经创建、巩固、发展阶段，从1930年开始融入赣西南革命根据地，并纳入中央苏区的版图，尤其是1929年2月，在红四军游击赣南屡战失利的困难时刻给予其宝贵的支持和帮助，成为红四军的重要策应地，为人民军队建设和发展做出了重大贡献。其革命斗争历史一直延续到主力红军长征，时间长达七年之久，成为土地革命时期江西人民斗争的旗帜。

2009年2月，江西省委、省人民政府公布其为江西省爱国主义教育基地。2009年5月，中共中央宣传部公布其为全国爱国主义教育示范基地。

# 十、南方三年游击战争旧址群

## 南方三年游击战争天井洞遗址

　　南方三年游击战争天井洞遗址位于江西省赣州市大余县河洞乡东江村。

　　1934年10月，中央红军主力长征后，在极端困难的情况下，项英、陈毅等依凭大庾岭广大山区，领导红军游击队和赣粤边人民进行了艰苦卓绝的三年游击战争，保存和发展了革命力量，并使赣粤边游击区成长为抗日战争的主要支点之一。作为主要领导人之一的陈毅，战斗足迹遍及大余县的每一个山村、每一座山头。南方三年游击战争（河洞）遗址天井洞是当年赣粤边红军游击队主要驻扎地之一。

# 南方三年游击战争南安遗址

南方三年游击战争南安遗址位于江西省赣州市大余县南安镇梅山村，原为梅关大楼，明万历二十六年（1598年）重修。原关楼为两层建筑，上层为瓦房，下为城门。城门上，南北二面都有石匾，北面石匾刻的是"南粤雄关"四个大字，东侧是登关楼的唯一磴道。西侧3米处竖立有一块赭红色大石碑，上刻有"梅岭"两个大字，碑高2.7米，宽1.2米，为清康熙年间知府题字，字体刚劲有力。

1935年3月，陈毅和项英率部来到赣粤边，在南雄北山、油山和梅岭等地，进行了艰苦卓绝的三年游击战争。一次，为避敌人搜查，陈毅和特委人员昼伏草丛，夜里转移，在梅岭范围内与敌人周旋。一连20多天，游击队不敢动烟火，也没有可吃的粮食，只能嚼野果、吃野菜。被困期间，陈毅伤病复发，生死系于一线之际，写下"绝笔"诗篇《梅岭三章》："断头今日意如何，创业艰难百战多……"

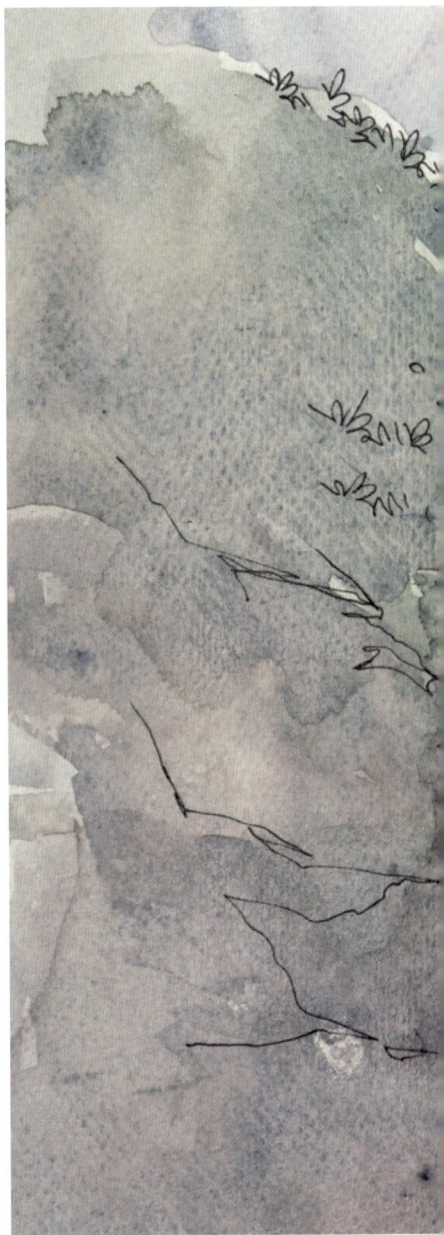

# 陈毅疗伤处旧址

　　陈毅疗伤处旧址位于江西省赣州市信丰县油山镇老屋下村锡坑小组民居群中。民居坐北朝南，土木结构，二层楼房，占地60平方米。

　　1935年，寒冬时节，在国民党连续不断封山、搜山、烧山的"清剿"行动中，陈毅与油山游击队失去了联系。一天，在油山潭塘坑，陈毅遭到了国民党军袭击负伤后，艰难挪步到了锡坑小组屋后的树林里。熬过一天，饥肠辘辘的他昏迷过去，正好被上山打柴的交通员李桂花不经意发现。她一口气跑回村里，一边派人向李绪龙、朱赞珍老表报告，一边叫丈夫把气息奄奄的陈毅背回家中的阁楼。陈毅醒来时，发现自己躺在铺垫好的木板上。有一天，敌人要搜查阁楼。就在敌人爬着梯子快要上去时，李桂花急中生智，狠狠地掐身边只有一岁多的孩子。孩子大哭，她趁机把一个砂钵扔到地上。"哐当"一声，敌人立即问"怎么回事？"说着就朝外跑，有人说游击队来了。敌人这一跑，陈毅得救了。得到桂花嫂的悉心照料后，陈毅的伤势渐渐恢复。

223

## 南方三年游击战争
## 陈毅《梅岭三章》诗碑

　　南方三年游击战争陈毅《梅岭三章》诗碑位于江西省赣州市大余县南安镇梅山村梅关。诗碑高大约1.5米，宽2米，厚0.35米，座基高0.5米，宽2.5米，为白色花岗岩砌筑。

　　南方三年游击战争是指1934年秋至1937年冬第二次国内革命战争时期，中国工农红军主力长征后，坚持在南方8省15个地区的红军和游击队，同持续清剿的国民党军进行的游击战争。1936年冬，陈毅等在梅岭经历了一场生死攸关的历险。九死一生之际，他写下了著名的《梅岭三章》。诗词中有这么一句："取义成仁今日事，人间遍种自由花。"表达了他对革命必胜的坚定信念。

中共赣粤边特委旧址

中共赣粤边特委旧址位于江西省赣州市于都县小溪乡左坑村，为左坑村上坑组的钟氏民宅，清代建筑。坐南向北，土木结构，两侧有巷廊和偏房，面阔七间，长28.9米，进深14米，占地面积465.6平方米。房前有大院落，进深9.4米。

1934年12月，中央分局和赣南省委为加强对赣粤边游击区的领导，在于都小溪左坑成立了中共信康赣雄特委，李乐天任特委书记。1935年春，信康赣雄特委改为中共赣粤边特委。中共赣粤边特委的成立，有力地打击和牵制了进攻中央苏区的粤军。

# 南昌新四军军部旧址

南昌新四军军部旧址位于江西省南昌市西湖区象山南路119号。旧址原为北洋军阀张勋的公馆。

南昌新四军军部旧址是新四军历史上第一个正规军部所在地，南方八省红军、游击队的改编中心，新四军的诞生地。1938年1月6日，新四军军部进驻南昌的张勋公馆，正式对外办公。南昌新四军军部旧址由捷报社大楼、军部旧址主楼及其他辅助建筑构成。内有军部旧址主楼（7号楼）、8号楼两栋两层砖瓦楼房和一栋平房，属中西合璧的建筑，主要是复原陈列军部机关办公室、会议会址，以及领导办公室。2008年至2010年，南昌新四军军部旧址进行了改扩建，改扩建后的南昌新四军军部旧址由旧址保护区、陈列展示区、纪念广场区三大部分组成。

2001年11月，江西省委、省人民政府公布其为江西省爱国主义教育基地。2006年5月，国务院公布其为全国重点文物保护单位。

# 南昌新四军军部旧址陈列馆

南昌新四军军部旧址陈列馆位于江西省南昌市西湖区象山南路119号。1987年筹备建馆以来，经过多次征集，现收藏有南方三年游击战争以及新四军时期的革命文物201件，照片、底片1055张。

2008年10月，陈列馆改扩建工程启动，2011年6月新的陈列馆建成，7月1日正式对外开放。整个新馆展览区域分为四大部分和两个专题展区。序

厅是一个由巨幅油画、主题雕塑和实体山景组合而成的大型多媒体景观，主题鲜明，气势恢宏。从序厅左边往里走，便进入了陈列馆新馆展览区域，分为四大部分（"浴血坚持""谈判改编""敌后抗战""完成使命"），以及两个专题展区（"新四军英烈"和"铁军精神"）。为丰富展示手段，增强展示效果，还设置了军政会议复原景观、大型投影、互动式多媒体、电子翻书、电动沙盘等。在"完成使命"展区看到，电动沙盘"新四军发展壮大演变图"运用灯光、模型等方式，生动直观地诠释了新四军改编、组建和浴血抗战的光辉历程。

2001年11月，江西省委、省人民政府公布其为江西省爱国主义教育基地。

# 十一、上饶集中营和马家洲集中营旧址群

## 上饶集中营李村高干禁闭室旧址

上饶集中营李村高干禁闭室旧址位于江西省上饶市上饶县皂头乡李村。

皖南事变后，新四军高级将领被关押在此。叶挺将军曾在此关押6个月，与敌人进行了针锋相对的斗争。他在墙上写下了"富贵不能淫，威武不能屈，正气压邪气，不变应万变，坐牢三个月，胜读万年书"等壮语。

李村禁闭室是上饶集中营的重要组成部分，为江南自然村落普通民居，单门独院，红石围墙，穿斗式梁架，悬山顶，褐色陶瓦，西南角空出一露天小院，占地面积为256平方米。

　　1957年7月，江西省人民委员会公布其为江西省文物保护单位。1988年1月，国务院公布其为全国重点文物保护单位。1994年11月，江西省委、省人民政府公布其为江西省爱国主义教育基地。

# 上饶集中营七峰岩高干禁闭室旧址

　　上饶集中营七峰岩高干禁闭室旧址位于江西省上饶市上饶县黄市乡七峰村。

　　1941年1月皖南事变后，因七峰寺僻静隐蔽，国民党军逐走了庙内僧尼，将突围未成的新四军干部囚禁于此。军长叶挺首先被押解在此关押，几天后转囚到李村高干禁闭室。三纵队司令员张正坤、教导总队副队长冯达飞等20余名高级将领被囚于此。

　　1957年7月，江西省人民委员会公布其为江西省文物保护单位。1988年1月，国务院公布其为全国重点文物保护单位。1994年11月，江西省委、省人民政府公布其为江西省爱国主义教育基地。

## 上饶集中营周田监狱七君子囚室旧址

　　七君子囚室旧址位于江西省上饶市信州区南郊的周田村。囚室为单面结构民房，建筑面宽8米，进深3米，高4米。原房已基本倒塌，1982年重修复原。

　　这里囚禁了郭静唐、王闻识、吴大琨、杨良瓒、冯雪峰、叶苓和计惜英七位当时的文化名人，狱中革命志士尊称他们为"七君子"。七七事变之后，在中国共产党和全国人民的不断声援和抗议下，国民党当局只得释放"七君子"。

# 上饶集中营茅家岭监狱旧址

上饶集中营茅家岭监狱旧址位于江西省上饶市信州区茅家岭村。这里囚禁了国民党宪兵和特务从东南各省搜捕来的共产党人和其他爱国人士。

上饶集中营茅家岭监狱原是一座葛仙庙，内设4个囚房（大禁闭室、小禁闭室、女禁闭室和优待室）。

上海各界赴皖南慰问团负责人吴大琨是第一个"囚犯"。作家冯雪峰等知名人士曾被囚禁在茅家岭监狱。皖南事变发生后，第三战区把茅家岭监狱腾出来，作为集中营的禁闭室，专门囚禁"顽固不化"分子，被称为"狱中之狱"。1942年5月25日，在王传馥、李胜等共产党人领导下，26名革命志士成功地发动了著名的茅家岭暴动。

1957年7月，江西省人民委员会公布其为江西省文物保护单位。1988年1月13日，国务院公布其为全国重点文物保护单位。1994年11月，江西省委、省人民政府公布其为江西省爱国主义教育基地。

# 上饶集中营革命烈士纪念馆

　　上饶集中营革命烈士纪念馆位于江西省上饶市信州区陵园路66号。

　　为了纪念和缅怀在上饶集中营牺牲的200多名革命志士，1979年，党和人民政府在上饶集中营革命烈士陵园新建上饶集中营革命烈士纪念馆，2005年对烈士纪念馆进行了全面改扩建。纪念馆系徽派建筑风格，建筑面积4300平方米。纪念馆运用声、光、电、多媒体影视艺术，同时收集运用了大量历史图片、文字资料、实物，将传统图片平面与现代立体动态手法相结合，真实生动地再现了当年上饶集中营革命斗争史实。

馆内布展分为1个序厅、4个展厅，共7部分内容。序厅正中是取名《丰碑》的革命先烈群雕，前厅左右两边分别挂有《冲出牢笼》和《狱中斗争》的浮雕；第一展厅内容为《炼狱黑幕》，介绍当年抗日战争形势、新四军组建历程、皖南事变发生经过，对上饶集中营的设立、各监狱旧址、刑具、刑罚做了比较详尽的展示；第二展厅分为《叶挺将军（暨海外赤子）》《黑狱红旗》两部分，介绍叶挺将军生平事迹和在狱中英勇斗争情景，及在被俘新四军干部秘密党组织中领导难友们进行斗争的事迹；第三展厅分《铁窗烈火》《冲出樊笼》两部分，真实生动再现当年被羁押革命志士不甘屈服、英勇斗争的真实场景；第四展厅分为《武夷悲歌》《前仆后继》两部分，展示了赤石大屠杀的情景，以及新四军在皖南事变后重组新四军军部，前仆后继、坚持抗日的辉煌历程。

1994年，江西省委、省人民政府公布其为江西省爱国主义教育基地。2001年，中共中央宣传部公布其为全国爱国主义教育示范基地。

# 马家洲集中营旧址

　　马家洲集中营旧址位于江西省吉安市泰和县马市镇仙桥松山村，由一栋祠堂和三栋民房构成，为赣派建筑风格，占地面积约5000平方米。集中营的每栋房子除了厅堂外，里间用厚实的木板隔成许多大小不一的囚室，面积大的不过10平方米，面积小的仅五六平方米，囚室中只有几间开了小窗，其余的都密不透风。

　　1940年6月至1945年1月，为了加深对中国共产党人和进步人士的迫害，国民党江西省政府主席熊式辉在此设立秘密监狱，通过实施一系列阴险毒辣的手段对被关进集中营的共产党员和进步人士进行迫害。集中营在马家洲共四年零八个月，前后囚禁近500人。

　　1984年1月，泰和县人民政府公布其为泰和县文物保护单位。2011年3月，吉安市委、市人民政府公布其为吉安市爱国主义教育基地。

# 后　记

为贯彻落实习近平总书记关于弘扬革命文化、传承红色基因的系列重要讲话精神，切实把革命文物保护好、管理好、运用好，发挥好革命文物在党史学习教育、革命传统教育、爱国主义教育等方面的重要作用，教育部高等学校社会科学发展研究中心、高等学校中国共产党革命精神与文化资源研究中心、牡丹江师范学院组织编写了《红色旧址手绘系列读本》。

编写动议始于2017年，经过几年的磨合，形成了以图证史、以省域为单位分卷绘制的总体框架。每卷以中国共产党领导全国各族人民进行革命、建设、改革的伟大奋斗历程为主线，以承载重大历史事件或重要历史人物活动的革命旧址为主要绘制对象，以艺术的张力展现百年大党的光辉历程、伟大成就和宝贵经验。

自2020年2月启动以来，理事会秘书处多次邀请有关党史专家对系列读本的编写提纲、书稿初稿和修改稿进行专题研讨和集中审读，就系列读本的风格体例、总体框架、绘制方法、艺术表现等内容进行了多次研讨。在此过程中，注意充分发挥集体攻关的优势，统一思想，协调行动，确保编写质量。

系列读本由教育部高等学校社会科学发展研究中心主任王炳林、牡丹江师范学院院原副院长（现黑河学院院长）杨敬民任总主编，朱喜坤、储新宇任执行主编，崔文龙、朱博宇、张翔参与了书稿的审改工作，并做了大量的组织协调工作。全书由王炳林、杨敬民负责统改定稿。

系列读本实行分卷主编负责制。本卷由井冈山大学负责组织编写，井冈山大学艺术学院副院长曾晓云任主编。参与本书编绘的人员有刘莲忠、马驷骏、贺文杰、曹炜炜、吴湖江、江琳、李文琦、林茜、陈峙林、刘晓琴、谢佳好、廖淑娟、张凯、陈露、丁怡、钱洁雯、叶培峰、胡金荣、丁一凡、罗坚坚。肖发生撰写了旧址介绍文字稿，赵军、张泰城审读了书稿。中共江西省委党史研究室对全书认真审读、严格把关，确保了史料的真实性和准确性。

本书是2021年度国家社科基金重点项目"中国共产党革命精神谱系研究"（项目编号：21ADJ011）的阶段性成果，是教育部社科中心基本科研业务费专项资金项目"中国共产党百年红色文化研究"（项目编号：GY202006）的成果，得到教育部人文社会科学重点研究基地重大项目"红色文化资源与高校艺术人才培养研究"（项目编号：16JJD770043）的资助，得到了牡丹江师范学院中国抗联研究中心的大力支持，得到了中国文史出版社的大力支持，在此表示衷心感谢。

由于编写者水平有限，不足之处在所难免，欢迎专家学者和广大读者批评指正。

系列读本编委会
2021年12月